前 154 年，刘馀被封"鲁王"，
扩建王府时发现孔壁藏书

前 138 年，张骞出使西域

前 33 年，昭君出塞

105 年，"蔡侯纸"诞生

前 141 年，汉武帝即位

前 60 年，西域都护府设立

23 年，刘秀昆阳大捷

编　者：一米阳光童书馆成立于 2012 年 8 月，由几位志同道合的知名童书推广人和海归妈妈共同组建而成。童书馆以"每一本好书，都是照进孩子心中的一米阳光"为核心理念，用父母心，做平凡事，致力于用现代手法叙述传统故事，全力帮助每一位孩子爱上阅读，开启更加丰富的人生。

YuZhi
吙知 吙知　手绘组
YuZhi　Freehand Drawing Group

绘　者：吙知文化手绘组，享誉国内的顶级手绘工作室，成立于 2015 年，团队成员来自游戏设计、壁画、影视、艺术品设计、舞台、雕塑、油画等行业，坚持精细化创作，致力于通过手绘方式为读者带来"革命性阅读体验"。

创作团队：**项目策划**　刘祥亚
项目统筹　牛瑞华　张　娜　崔珈瑜
美术顾问　樊羽菲　支少卿　谢步平　王少波　程建新　徐　杨　申　杰　周　爽　邓称文
文字撰写　李智豪　沈仲亮　余瀛波　郭梦可　牛齐培　陈阳光　吴　梦

阅读建议

亲爱的读者朋友们，欢迎您打开这套书，走入中国历史文化的长廊，共同感受 5000 年中华文明的璀璨成果。为了便于大家阅读，特做出几点说明：

（1）此次历史文化之旅的起点是距今约 70 万到 20 万年之间的北京猿人，终点是 1912 年清帝退位。在几十万年的历史长河中，我们选择了 104 个专题，每个专题由两部分组成，第一部分是以手绘大图的形式进行历史场景的还原，第二部分是相关主题的知识问答（每个专题分设了 8~10 个小问题）。

（2）每个历史场景都像一个展览橱窗，展示了中国历史上的高光时刻，在欣赏画面的同时，还可以关注画面四周的文字，我们设置了许多与历史事件相关的知识点、兴趣点和思考点，家长陪伴孩子阅读和对画面进行讲解的时候，可以参考这些内容。

（3）专题知识采用一问一答的形式，在设置问题的时候，我们充分考虑了孩子的认知水平和兴趣点，并针对全国十余所中小学的学生做了上万份调查问卷，力求站在孩子的角度问出他们最感兴趣的问题，并用孩子听得懂的方式进行解答。

（4）每个专题既相对独立，又有时代上的联系性，可以作为随手翻开的历史百科书。我们在每册的开篇还设置了"历史长河站点示意图"，读者朋友们可以通过这个示意图查看每个主题的位置和关联。

图书在版编目（CIP）数据

秦汉帝国 / 一米阳光童书馆编；吙知文化手绘组绘
. -- 北京：北京联合出版公司，2020.12（2024.4 重印）
（手绘中国历史大画卷）
ISBN 978-7-5596-3801-4

Ⅰ.①秦… Ⅱ.①一… ②吙… Ⅲ.①中国历史—秦汉时代—儿童读物 Ⅳ.①K232.09

中国版本图书馆 CIP 数据核字 (2020) 第 188208 号

手绘中国历史大画卷2：秦汉帝国

编　者：一米阳光童书馆
绘　者：吙知文化手绘组
出 品 人：赵红仕
选题策划：阳光博客
责任编辑：周　杨
封面设计：阳光博客+李昆仑

北京联合出版公司出版
（北京市西城区德外大街83号楼9层　100088）
北京联合天畅文化传播公司发行
天津创先河普业印刷有限公司　新华书店经销
字数166千字　787毫米×1194毫米　1/8　8印张
2020年12月第1版　2024年4月第4次印刷
ISBN 978-7-5596-3801-4
定价：798.00元（全8册）

一米阳光童书馆◎编　　奥知文化手绘组◎绘

手绘中国历史大画卷 ②

——秦汉帝国——

北京联合出版公司
Beijing United Publishing Co.,Ltd.

目录

万里长城

统一六国后，秦始皇派大将蒙恬驻守北方边境、抵御匈奴，并把原先秦、燕、赵三国的北边长城连接起来，增修、扩建为"万里长城"。

匈奴毡帐

虎视眈眈的匈奴人

卫士

前来探望的家人

萧关

规划工程的官员

手推车

遭到监工
训斥的民工

开凿石块

搬运石块

←← "万里长城"究竟有多长？ →→

据 《史记》记载，秦长城西起临洮（今甘肃岷县），东到辽东，"延袤（mào）万余里"。不过，古人的记载大多有夸张的成分。那么，长城究竟有多长呢？

根据《中国长城保护报告》中公布的数据，现存春秋战国长城的长度为3080.14千米（合6160.28里），现存秦汉长城的长度为3680.26千米（合7360.52里）。

战国时期的齐长城遗址

只有秦、燕、赵三国修建过长城吗？

当然不是，在春秋战国时期，齐、楚、魏、燕、赵、秦、中山等国都曾修筑过长城。

当时各诸侯国之间的战争非常频繁，各国修筑长城的目的主要是防御敌国进攻。后来，随着中原地区农业的发展，农民开辟新的耕地，让各国领土都得以拓展，却挤占了北方游牧民族的生存空间，导致双方的矛盾激化，不时有战争爆发。游牧民族军队的主力是骑兵，优势是行动迅速，机动性强，能打"闪电战"，而长城的存在能在一定程度上阻挡骑兵的突然进攻，使他们失去军事优势。因此，长城还具备了防御北方游牧民族的用处。

我们今天最常看到的长城是秦长城吗？

不是，今天我们去观光、游览的长城，主要是明长城。为了防御蒙古鞑靼（dá dá）、瓦剌（là）、兀良哈三部，以及后来崛起的女真人的进攻，明朝曾多次修筑长城，最终建成了西起嘉峪关，东到鸭绿江的明长城。

与秦长城相比，明长城保存相对完整，形制丰富，现存长度为8851.8千米。我们耳熟能详的著名旅游景点八达岭长城以及"天下第一关"山海关，都是明朝修建的。

八达岭长城，想要了解更多关于长城的信息的读者，可以登录"中国长城遗产"网站（http://www.greatwallheritage.cn/CCMCMS/html/1/index.html）

秦长城长什么样？

如果想知道秦长城长什么样，最好的办法当然是去参观秦长城遗迹，它们主要留存在今天的内蒙古和宁夏等地。

可惜的是，经过2000多年的岁月侵蚀，秦长城早已面目全非，古代人也无法给我们留下照片或者录像，因此我们并不能目睹秦长城的原貌，只能根据考古遗迹和历史文献来想象它的样子了。

秦长城城石

位于今甘肃敦煌的汉长城遗址（采用夯土的方式建造）

古代人是如何修建长城的？

自秦朝后，历朝历代都有修建长城的传统，我们可以从中发现修建长城的普遍原则和方法。首先，人们"以险制塞"，也就是选择地势险要、易守难攻的地点修筑长城，以达到占据有利地形、强化自然险阻、巩固防御的目的。因此，历代长城大都依靠山脉修建。

其次，人们就地取材，有山的地方就开凿石块垒长城，有黄土的地方就烧制砖头砌长城。除此之外，人们还使用夯（hāng）土的办法修建长城，即把土压实、压紧，然后修筑成城墙。

最后，因为修建长城是个大工程，参与施工的人多，修筑时间周期长，施工管理比较复杂，所以人们采用分段承包的办法。朝廷把修筑长城的大工程按照区域分成若干个小工程，然后每个小工程都派专人负责实施。比如，在明代，为了确保质量，朝廷要求工匠在砖石上刻上承包单位修筑长城的位置、形制，

以及各级负责官员的官衔、姓名。此外，还要刻上施工组织者和施工人员的姓名，有的地方甚至详细到要刻上石匠、泥瓦匠、木匠等人的名字。如果工程出了问题，朝廷就可以根据砖石上的姓名追究工匠和管理者的责任。

孟姜女哭倒长城的故事是真的吗？

古往今来，孟姜女的故事在民间广泛流传，经久不衰，而且有很多不同的版本。这里简要地介绍其中一个版本。

相传，秦朝时，有一对夫妇，丈夫叫作范喜良，妻子叫作孟姜女。两人结婚不久，范喜良就被征发到北方去修长城。孟姜女在家里等啊等啊，等了好久，却始终没有丈夫的消息。于是，想念丈夫的孟姜女决定亲自到北方去寻找范喜良。她跨过万水千山，终于来到了长城脚下，却得知范喜良早已因为繁重的劳役而累死了，尸骨就被埋在长城里。孟姜女非常伤心，她放声痛哭，哭得天昏地暗，日月无光。在她的哭声中，长城"轰隆"一声倒塌了，露出了范喜良的尸骨。后来，将丈夫的尸骨埋葬后，孟姜女也自尽了。

姜女石，位于辽宁省葫芦岛市绥中县万家镇，距离山海关15千米的止锚湾海滨，有传说认为孟姜女就是在这里投海自尽的，因而得名。在正对姜女石的岸边曾发现大规模的秦代建筑遗址

实际上，根据近代历史学家顾颉刚的考证，孟姜女传说的原型是春秋时期记录在《左传》中的一个故事。后来，随着历史的发展，孟姜女才逐渐和秦始皇、长城联系在了一起。

所以，孟姜女哭倒长城的故事并不是真的。但是，这个故事却真实反映了古代劳动人民在繁重徭役之下的悲惨生活，以及他们对统治者残暴不仁的控诉。

和古代的长城相比，今天的长城有哪些不同？

在古代，长城是一种防御工事，人们修筑长城是为了抵御外敌入侵，保障自身安全。到了今天，作为中国古代劳动人民心血与智慧的结晶，长城有了更高层次的价值和意义，它沉淀了中华民族的悠久历史，体现了中华民族的精神品质和价值追求，堪称中华民族的精神象征。

特别是近代以来，长城与中华民族的命运紧密联结在一起，成为激励中华儿女抵御外来侵略的精神符号，唤起无数人浴血奋战的昂扬斗志。我国国歌《义勇军进行曲》诞生于抗日战争的战火硝烟之中，其中有一句歌词就是"把我们的血肉，筑成我们新的长城"。

此外，长城作为我国独特的历史景观，得到了世界各国的赞誉，更是体现了中华民族的杰出智慧与强大力量。

大泽乡起义

秦始皇统治时期，严刑峻法，横征暴敛，民不聊生。秦二世继位之后，更是变本加厉。公元前 209 年，陈胜和吴广率领 900 多名戍边民夫，在大泽乡揭竿起义。

有人还为起义准备了马匹，数一数，你能找到几匹马？

服徭役的民工

被剖开的鱼肚

正在商议的众人

陈胜

吴广

白鱼腹中
取出的帛书

陆续赶来的
响应者

被杀死的押送
戍卒的军官

大泽乡

有一条蛇藏起来了，你能找到它吗？

贾谊在《过秦论》中曾用"斩木为兵，揭竿为旗，天下云集响应，赢粮而景从"来形容这场起义的号召力。看，就连白发苍苍的老者都深受鼓舞。数一数，画面中一共出现了几个白发老者？

← 大泽乡在哪儿？为什么会发生起义？ →

大泽乡属于秦朝泗水郡辖区，位于今安徽省宿州市埇（yǒng）桥区。公元前209年，秦朝征发贫民，去戍守北部边疆。其中一队戍卒走到大泽乡时，遭遇了大雨。大雨阻塞了道路，戍卒不能继续赶路，因而无法按期赶到目的地。

按照当时的律法，这些戍卒都将因误期而被处死。在暴政的逼迫下，当时的屯长（戍卒们的小头目）陈胜和吴广决定发动起义。

陈胜、吴广雕像

陈胜和吴广是什么样的人？

陈胜是阳城（今河南登封）人，吴广是阳夏（今河南太康）人。两个人都只是普普通通的平民百姓，关于他们两个人起义之前的事情，史籍中的记录很少。我们对他们的认识，依据的材料主要来自《史记》。

根据《史记》记载，陈胜年轻的时候，做过雇工，给人种地。不过，他对这种生活并不满足，有一次，在休息时，陈胜对同伴说："苟富贵，勿相忘。"意思就是如果有人富贵发达了，不要忘记大家。同伴都笑话他："你只是一个给人种地的雇工，哪来的富贵？"陈胜叹息一声说："燕雀安知鸿鹄（hóng hú）之志哉！"意思是燕子和麻雀怎么能知道大雁和天鹅的志向呢！后来，人们就用成语"鸿鹄之志"比喻志向远大。

可见，陈胜虽然出身低微，却是一个很有抱负的人。所以，他在大泽乡遇到危机后，就毅然决定揭竿起义。

起义前，陈胜和吴广做了哪些"秘密"准备？

据《史记》记载，因为当时秦始皇的长子扶苏和原楚国的将领项燕在百姓中间很受爱戴，于是，陈胜、吴广决定假称自己是扶苏和项燕的队伍，提升在百姓中间的号召力。

为了营造气氛，让大家信服，他们还利用当时人们的迷信"装神弄鬼"。

首先，他们把写有"陈胜王"三个字的帛书塞进鱼肚子里，做菜时，戍卒们发现鱼肚子里的帛书，都感到十分震惊。

然后，吴广到营地附近丛林中的祠堂里，点燃篝火，学狐狸叫，隐隐约约发出"大楚兴，陈胜王"的声音，戍卒们听到后更加感到奇怪。第二天，戍卒们议论纷纷，对陈胜指指点点，都觉得陈胜这个人不简单。

陈胜、吴广见时机成熟，趁机杀死押送戍卒的军官，号召戍卒揭竿而起，戍卒纷纷响应。

起义爆发后，陈胜自立为王，定国号为"张楚"，意思是"张大楚国"。

陈胜为什么将国号定为"张楚"？

这还要从秦国建立之前说起，战国时期，楚国是仅次于秦的强国，被秦国吞并后，楚地人一直对灭国之痛耿耿于怀。尤其是楚国的旧贵族，心中始终怀着复国的想法。当时社会上流传着一种说法："楚虽三户，亡秦必楚。"有学者认为，这里的"三户"指的是楚国的三大姓氏：昭、屈、景。我们熟知的大诗人屈原，就属于楚国的三大氏族之一。

可见，起义军以楚的名义发起斗争，具有强大的号召力，有利于得到原六国人民的支持与拥护，从而壮大起义军的势力。

始建于汉代的屈子祠，位于汨罗城西北玉笥（sì）山顶，现辟为屈原纪念馆

屈原是战国时期楚国的诗人、政治家，不仅是中国浪漫主义文学的奠基人，还是"楚辞"的开创者，对后世诗歌产生了深远的影响

秦始皇陵始建于公元前246年（秦王政元年），到公元前208年（秦二世二年）才完成，整座陵区占地56.25平方千米，分布着大量陪葬坑和墓葬，其中就有闻名世界的兵马俑坑

这场起义持续了多久？为什么会失败？

公元前209年夏，陈胜、吴广在大泽乡发动起义，同年年底，起义以失败告终。这场起义一共持续了6个月的时间。

陈胜、吴广发动起义之初，各地纷纷响应，起义军接连攻下很多城池，势力不断壮大。但是，起义军缺乏作战经验和精良的装备，很快就遭到了实力更为强大的秦军的反击，进攻的势头受挫。

这时，起义军内部的许多问题开始暴露出来。比如，陈胜信任的手下办事不妥，根据自己的心情随意惩罚其他将领，导致将领们与陈胜产生嫌隙，这让起义军领袖内部的分歧和矛盾日益加剧。

陈胜和吴广的结局是什么？

吴广率军进攻荥（xíng）阳时，部将田臧不认同吴广的作战方案，于是假借陈胜的命令，杀害了吴广，取得军权，但田臧也在与秦军作战时战死。

后来，秦军打到了陈胜的大本营——陈县。陈胜亲自出来督战，一边与秦军战斗，一边撤退。最终，陈胜的车夫庄贾杀害了陈胜，向秦军投降。

大泽乡起义这么快就失败了，那它的影响是不是很微弱呢？

当然不是了。

大泽乡起义是中国历史上第一次大规模农民起义，沉重打击了秦朝的残暴统治。他们高呼"王侯将相，宁有种乎"的口号，展现了人民群众的革命精神，对后世影响十分深远。

虽然这场起义很快就失败了，但是他们开创的反秦大业没有停止，全国各地的起义仍在继续，并取得了最终的胜利。

为什么强大的秦帝国只存在了十几年的时间？

公元前221年，秦一举兼并六国，建立了强大统一的帝国。但到了公元前209年，就爆发了大规模的起义，秦"二世而亡"，只存在了十几年的时间。这是为什么呢？

原因有很多，其中最重要的原因就是秦的暴政。秦始皇穷奢极欲，大兴土木，修筑阿房宫、骊山墓、长城；他派人去寻找长生不老药，为此大费周章；他还到各地巡游、封禅，展现自己的威严。这些活动都需要大量的人力和财力，人民负担很重，生活在水深火热之中。

此外，秦朝的法律非常严苛，轻罪重罚，用刑残酷，导致成千上万的人遭到逮捕，沦为囚徒。

秦始皇死后，秦二世继位，统治更加残暴。秦朝的社会矛盾十分尖锐，一触即发，就像火药桶一样。而引爆火药桶的导火索，就是陈胜、吴广领导的大泽乡起义。

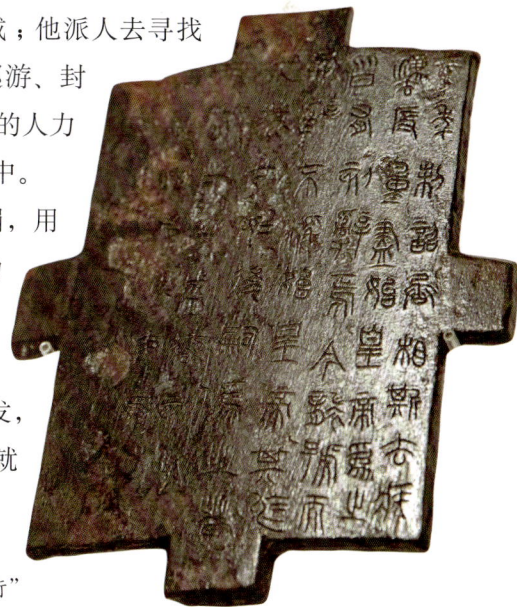

秦二世诏版，是秦二世胡亥继续贯彻"统一度量衡"政策的诏书

9

巨鹿之战

公元前 207 年（秦二世三年），各地的起义愈加高涨，项羽率领数万楚军以少胜多，在巨鹿（今河北平乡西南）击败了名将章邯（hán）、王离所率 40 万秦军主力，史称"巨鹿之战"。

战争已经开始了，这些军队为什么按兵不动，全都在观战呢？翻到下一页，你就会找到答案。

范增

项羽

赵高

司马欣回到军营后，将赵高的所作所为告诉了章邯，找一找，画面中哪个部分与这一幕相对应？章邯会做出怎样的选择？翻到下一页，你就会找到答案。

破釜沉舟

章邯

司马欣

这个人的力气也太小了，竟然连一块石头都搬不起来，难道他是舍不得砸掉饭锅？你能找到他吗？

←← 陈胜吴广死后，谁接过了反秦斗争的大旗？ →→

大泽乡起义爆发后，天下英雄云集响应，过去的六国贵族也纷纷复国，赵国、齐国、燕国、魏国等诸侯国重出江湖。

当时吴中会稽郡的郡守殷通也想起义，所以找到项梁和项羽，表示自己也想举兵反秦，打算任命项梁为将领。不过，项梁和项羽并不满足于殷通的安排，于是杀掉了殷通及其部下，又召集以前熟悉的豪强官吏，发动起义。项梁自己做了会稽郡守，任命项羽为副将。

在项梁的领导下，起义军东征西讨，势力不断壮大。陈胜死后，项梁召集各路起义军来到薛县（今山东滕州）集会，共同商量反秦大业，当时还是小人物的刘邦也参加了。

在谋士范增的建议下，项梁找到了战国时期楚怀王熊槐的孙子熊心，立他为楚怀王，顺应了楚地民众的期望。熊心被找到时，还在替人放羊，可见沦落到民间的六国贵族处境有多么窘困。

这支以"楚"为旗号的起义军，成为当时势力最强的反秦力量。巨鹿之战就发生于楚军和秦军之间。

项羽的力气能够举起大鼎，那么那时候的大鼎大概都有多重呢？

秦始皇陵曾经出土过一个重212千克的青铜大鼎，通过这个鼎来推算，我们可以想象到，项羽的力气的确非同凡响。图为秦朝"三年诏事"青铜鼎

根据考古学资料，秦汉时期的"一尺"大概是23厘米，所以项羽的身高应该至少在184厘米以上，这样的身材即使放在今天也是很高大的，更何况，秦汉时期，男性的平均身高不到170厘米，项羽在当时算得上"鹤立鸡群"

项羽是谁？早年的经历是怎么样的？

项羽，名籍，字羽，下相（今江苏宿迁）人。项羽的祖父是楚国名将项燕，他是被秦国大将王翦杀害的。可以说，项羽对秦，既有国仇，又有家恨。

项羽身高8尺余，力气能够扛起大鼎，也很有才气。项羽的叔父、项燕的儿子项梁是一个很有军事才能的人，项羽年少时曾经跟随叔父学习兵法。

后来，项梁杀了人，带着项羽跑到吴中避难。秦始皇巡游会稽，渡过钱塘江，项羽和项梁去看热闹。秦始皇的车队威风凛凛，看得项羽十分心动。于是，项羽对项梁说："彼可取而代也！"意思就是："我项羽可以取代秦始皇！"

项梁吓了一跳，连忙捂住项羽的嘴巴，对项羽说："别瞎说，要杀全家的！"不过，项梁也因此认识到项羽远大的志向。

巨鹿之战发生的背景是什么？

这还要从项梁兵败被杀说起。项梁的队伍接连大败秦军，双方一路打到定陶（今山东定陶），胜利让项梁产生了骄傲轻敌的思想，结果，秦朝名将章邯乘其不备，举兵偷袭。项梁来不及防备，兵败被杀。

章邯认为项梁已经溃败，楚地已经没有能打得过自己的人了，于是继续进军，渡过黄河，攻打刚刚复国的赵国。赵军大败，退守到巨鹿城（今河北平乡）。章邯命令部下率军包围巨鹿，自己驻扎在巨鹿南边，修筑输送粮草的道路。

战败后的赵王派人向楚怀王求救，楚怀王命令宋义为上将军，项羽为次将，范增为末将，率军援助赵国。

宋义率军走到安阳（今河南安阳西南）后，打算等秦、赵两军交战之后，自己再发

兵，坐收渔翁之利，因此，他让军队在安阳停留了46天而不前进。

项羽对这样的行动十分不满，于是以谋反的名义杀了宋义，夺取了兵权。楚怀王听到消息后，只好任命项羽为上将军。

项羽率军前往巨鹿，一场大战即将上演。

项羽为什么要夺权？

据《史记》记载，在是否进军这个问题上，项羽和宋义产生了巨大的分歧。项羽认为，此时应该迅速进军，与赵军里应外合，一定能打败秦军。宋义却借故搪塞道："秦军攻打赵军，如果秦军打赢了，那么秦军也会很疲惫，我们可以乘虚而入；如果秦军打输了，那我们进攻秦军的残兵败将，胜算更大。"

我们可以合理猜想，双方争执不下，谁也说服不了谁，项羽只好选择夺兵权的方式来实现自己的目的。

项羽坚持向巨鹿进军是一意孤行吗？

应该不是。根据史书的记载，我们分析之后，可以得出四条理由：

第一，楚怀王与起义军的各个将领约定，率先进入关中并且平定那里的人称"关中王"，所以项羽希望尽快打败秦军，然后进入关中称王；

第二，随着时间的推移，楚军的粮草越来越少，再加上天降大雨，士兵又冷又饿，而宋义却送自己的儿子去齐国做相，设酒席大宴宾客，吃香的喝辣的，在这样强烈的对比下，士兵们难免心中不满，军心动摇，再拖下去，势必影响士兵的战斗力；

第三，宋义的说法并不合理，因为秦军强大，赵军弱小，打败赵军之后，秦军一定会吸收赵军的残余部队，此时秦军不仅没有削弱，反而变强了；

第四，项羽急于打败秦军，为自己的叔父项梁报仇。

为什么要"破釜沉舟"？

据《史记·项羽本纪》记载："项羽乃悉引兵渡河，皆沉船，破釜甑 (zèng)，烧庐舍，持三日粮，以示士卒必死，无一还心。"意思是为了激发大家的斗志，率军渡过漳水后，项羽命令士兵砸烂饭锅，凿沉渡船，让士兵只带三天的粮食，彻底切断自己的后路，以此来表明决心：要么战死沙场，要么打败秦军，决不后退！

这就是成语"破釜沉舟"的由来，后来，人们就用这个成语来比喻下定决心，不顾一切干到底。

带着这样的决心，楚军继续向巨鹿进军，

中国使用船只的历史非常悠久，早在春秋战国时期就有了造船工场，能够制造战船，到了汉代，楼船（古代大型战船，因船高首宽、外观似楼而得名）成为主力战舰。西汉的楼船因高大壮观而闻名于世，船上可容兵员数十至数百名，因此，汉代将军中有统率水军的"楼船将军"，水军又叫"楼船士"

其他诸侯援救巨鹿的军队也陆续赶到，但是没有人敢出兵，他们作壁上观，都在观望楚军与秦军交战的战况。

在项羽的带领下，楚军士兵以一当十，呼声震天，大破秦军，取得了巨鹿之战的胜利。

釜，其实就是古代的"锅"，里面放水，用来盛放甑。甑的底部有小孔，相当于现在的"蒸屉"，放在釜上面，用来蒸食物。图为汉代铜釜甑

为什么说巨鹿之战让项羽一战成名？

巨鹿之战中，秦军主力被击溃，秦的统治在起义的冲击下已经摇摇欲坠。同时，项羽凭借自己卓越的军事才能，确立了自己在各路诸侯起义军之中的领袖地位。

据《史记》记载，巨鹿之战后，项羽召见各路诸侯，诸侯跪在地上，纷纷表示臣服，甚至不敢抬头看他。此后，项羽成为上将军，众诸侯都听从他的命令。

秦将章邯战败后，去了哪里？

项羽在巨鹿打败了王离后，与章邯率领的军队形成对峙。秦军打了败仗，多次后退，秦二世就派人责备章邯。当时的朝政被赵高把持，章邯害怕自己被陷害，迫于压力，他只好和项羽结盟，实际上就是向项羽投降。

据说，章邯见到项羽时，痛哭流涕，诉说自己遭到赵高的迫害。项羽也接纳了章邯，后来还封他为"雍王"。

鸿门宴

在农民起义的冲击下，秦的统治已名存实亡。除了项羽外，以刘邦为首的汉军实力也在不断壮大。一场危机四伏的"鸿门宴"拉开了楚汉相争的序幕。

救命！有一个士兵要被飞奔的战马踩到了！这一幕出现在哪里？

项羽

项伯

刘邦

"项庄舞剑，意在沛公"，项庄的杀气让鸿门宴上暗流涌动，找一找，是谁紧张得连手中的酒都洒出去了？

火烧咸阳宫殿

找一找，项羽在哪里？提示：不要忘记他的坐骑。

范增

项庄

张良

樊哙

曹无伤

项羽、项梁、项伯、项庄是什么关系？项梁是项伯的哥哥，项羽是他们俩的侄子，而项庄是项梁的孙子，就是项羽的侄子。

15

刘邦为什么被称为"沛公"？

提到历史故事"鸿门宴"，有一句话大家一定不陌生，"项庄舞剑，意在沛公"。刘邦为什么被称为"沛公"呢？

这还是要从大泽乡起义说起，陈胜、吴广起义后，沛县官吏萧何、曹参召回流亡在外的同乡刘邦。在刘邦的号召下，沛县民众杀掉县令，然后推举刘邦为新县令，刘邦也因此被称为"沛公"。

刘邦祭祀黄帝和蚩尤，打出红旗，与萧何、曹参、樊哙等人一起集结了一支两三千人的队伍，开始举兵反秦。

刘邦和项羽的出身一样吗？

两个人的出身完全不同，我们之前提到项羽是楚国名将项燕的后代，相比之下，刘邦出身低微，出生于沛县（今江苏省）的一个普通农民家庭。他不喜欢干农活，喜欢四处游荡，后来做了泗水亭长，也就是地方基层管理治安的小吏。但是，刘邦却和项羽一样，有着远大的野心和抱负，据《史记》记载，在咸阳服徭役时，刘邦看到秦始皇出巡的壮观场面，于是感叹道："大丈夫当如此也！"意思是："大丈夫就应该是这样的啊！"

后来，有一次，刘邦押送囚犯去骊山修皇陵，囚犯在途中纷纷逃走。刘邦索性放走其余的囚犯，其中有十几个囚犯表示愿意跟随刘邦。后来，刘邦跑到芒砀（dàng）山躲避朝廷追捕，在这段时间，不断地有人来归附他，就这样逐渐聚集了数百人。后来，这些人跟着刘邦回到沛县，汇入了举兵反秦的大军中。

与年少成名的项羽不同，此时的刘邦已经40多岁了。

芒砀山是一个很有传奇色彩的地方，这里不仅是刘邦"斩蛇起义"之地，也是陈胜被埋葬的地方，在这里还发现了中国最大的汉墓群——汉梁王墓群（汉文帝之子梁孝王刘武及其家族成员的墓）。图为芒砀山汉墓陶俑

项羽在巨鹿作战时，刘邦在做什么？

当秦军主力在巨鹿与项羽酣战时，其他地区兵力空虚，守备不足，对刘邦来说，正是入关的好机会。刘邦从芒砀山出发，率军直奔咸阳，一路上没有遇到太大的抵抗。

同时，秦朝发生内乱，赵高逼秦二世自杀，立扶苏的儿子子婴为秦王，子婴又杀死赵高，派重兵把守峣（yáo）关。刘邦绕过峣关，翻过蒉（kuì）山，在蓝田两次打败秦军，行军至霸上后，子婴驾车赶来，向刘邦投降，这标志着曾经不可一世的秦朝就此灭亡，刘邦随后进入咸阳。

据《史记》记载，刘邦进入咸阳后，看到华丽的宫殿，本想享受一番，但是在樊哙、张良的劝谏下，他把秦朝宫殿里的贵重物品都封存起来，然后率军退回霸上。

不久，刘邦还召集当地"乡老"（有势力的人），与大家约法三章，即"杀人者死，伤人及盗抵罪"（意思是杀人将被处死，伤人或偷盗要受处罚），其他秦法一律废除。

这种简单的法条有利于恢复社会秩序，刘邦也因此得到了秦地民众的拥护。

项羽得知刘邦率先入关是什么反应？

当然是非常生气了。

刘邦进入咸阳后不久，项羽率军赶到函谷关，想要入关，但关门紧闭。

项羽这时候才知道刘邦已经平定关中，他非常愤怒，立刻命令手下黥（qíng）布等人攻破函谷关，然后进军至垓下。

在范增的建议下，项羽犒劳士兵，准备第二天早上就进攻刘邦。这时，项羽军队有40万人，驻扎在鸿门，而刘邦军队只有10万人，驻扎在霸上。

但是，原本的进攻计划因项伯求情而暂时作罢，第二天凌晨，刘邦率领100多人到鸿门向项羽谢罪，项羽设宴款待，但是因为他一时犹豫，失去了除掉刘邦的最好机会，这为后来楚汉相争的局面埋下了伏笔。后来，人们常用"鸿门宴"来比喻暗藏杀机，想要谋害客人的宴会。

项伯为什么要帮刘邦求情？

据《史记》记载，项伯与张良关系很好，所以当他得知项羽的进攻计划时，立刻连夜骑马赶到刘邦的军营，劝张良赶紧逃走。

张良带着项伯去见刘邦，为了显示自己毫无反叛之心，刘邦与项伯结为儿女亲家，并辩解说自己入关之后，登记官民户籍，查封官府库房，都是为了等待项羽而做的准备，之所以派人守卫函谷关，也是为了防备贼人以及其他隐患。

项伯信以为真，回到项羽军营后，就跟项羽转述了刘邦的话。项羽被说服，决定暂时不进攻刘邦。

原秦代的函谷关已经在战火中被毁，图中的函谷关是后来依据原型重建的

为了打消项羽对自己的怀疑，刘邦在受封前往汉中时，放火烧掉了关中通往汉中的栈道"子午道"。但是，后来，他却偷偷通过另一条栈道"陈仓道"打入关中，这就是"暗度陈仓"。值得一提的是，"明修栈道"这个说法最早出现在元代戏文中，之前的史书上并没有相关记载，所以这极有可能是后世人们编造的故事

"楚""汉"两军的实力谁更强？

起初，当刘邦率领诸侯联军 56 万人进攻楚国首都彭城时，却被项羽救援彭城的 3 万精兵打得大败。刘邦仓皇退到荥阳，太公与吕后都被项羽俘虏。从此，刘邦和项羽在荥阳、成皋（gāo）一带展开激烈争夺，双方各有胜负，对峙了很长时间。

但是，楚军的补给线屡遭袭击，粮草匮乏。同时，刘邦的大将韩信平定了齐地，胜利的天平逐渐向汉倾斜。

为了让项羽释放太公、吕后，刘邦主动提出与项羽讲和。双方约定以运河鸿沟为边界，这就是象棋棋盘上"楚河""汉界"的由来。后人常用"鸿沟"来比喻明显的界线或距离。但是，在张良和陈平的劝说下，刘邦却撕毁合约，出兵追击楚军，并且拉拢韩信、彭越一起进攻项羽。楚军节节败退，被汉军围困在垓下。

据《史记》记载，在张良献计下，汉军在夜晚唱起楚歌，让项羽以为汉军已经占领了楚地全境，楚人都已经向汉军投降。项羽知道大势已去，方寸大乱，旁边的虞姬也泣不成声。这就是成语"四面楚歌"的由来，后人常用它来比喻陷入四面受敌、走投无路的困境。

项羽是如何失去人心的？

与刘邦的做法相反，进入咸阳后，项羽杀死子婴，在咸阳大肆抢劫掳掠，最后放火烧城。大火烧了整整 3 个月，大秦帝国多年的基业就此灰飞烟灭。

此时的项羽名义上尊楚怀王为义帝，实际上掌握了号令天下的权力。公元前 206 年，他大封十八诸侯，自立为"西楚霸王"。但是，项羽分封不公，按照与自己关系的亲疏远近进行分封，把富裕、重要的地方封给亲信，把贫困、偏远的地方分给与自己疏远的诸侯，这引起诸侯们的不满。

不仅如此，项羽还把作为傀儡的楚怀王放逐到郴（chēn）县，又秘密派人将他杀死。这为后来诸侯反楚提供了借口。失去人心的项羽，已经为日后的失败埋下了伏笔。

项羽最后的命运如何？

与虞姬告别后，项羽率领八百骑兵突围，汉军派五千骑兵追击。项羽且战且行，一路跑到乌江边上。他拒绝了乌江亭长的搭救，并把乌骓马送给亭长，自己徒步持剑与汉军继续战斗，杀死汉军数百人。最后，身受重伤的项羽自刎而死，抢到项羽头颅和肢体的人都被刘邦封了侯。

这段楚汉相争的历史以楚国灭亡、汉统一全国告终。随后，刘邦在汜（fán）水北岸举行典礼，即皇帝位，建立了汉朝，史称"汉高祖"。

"霸王别姬"雕像

楚汉相争的局面是如何出现的？

项羽分封诸侯时，封刘邦为"关中王"，掌管巴蜀和汉中。为了牵制刘邦，项羽把关中分给三个秦朝降将（包括章邯在内）。不久，齐国发生政变，齐将田荣杀死项羽分封的齐王田都，自立为齐王，起兵攻楚。刘邦听取了张良的建议，"明修栈道，暗度陈仓"，迅速平定三秦（三个秦国降将镇守的关中地区），然后，以为义帝发丧为名，公开向项羽宣战，各路诸侯积极响应。

楚汉战争正式开始，刘邦与项羽的对决也就此展开。

白登之围

公元前 200 年（汉高祖七年），刘邦亲自率领 30 余万大军讨伐韩王信和匈奴。因轻率冒进，他被冒顿（mò dú）单于率领的 40 万精锐骑兵围困在平城附近的白登山上，史称"白登之围"。

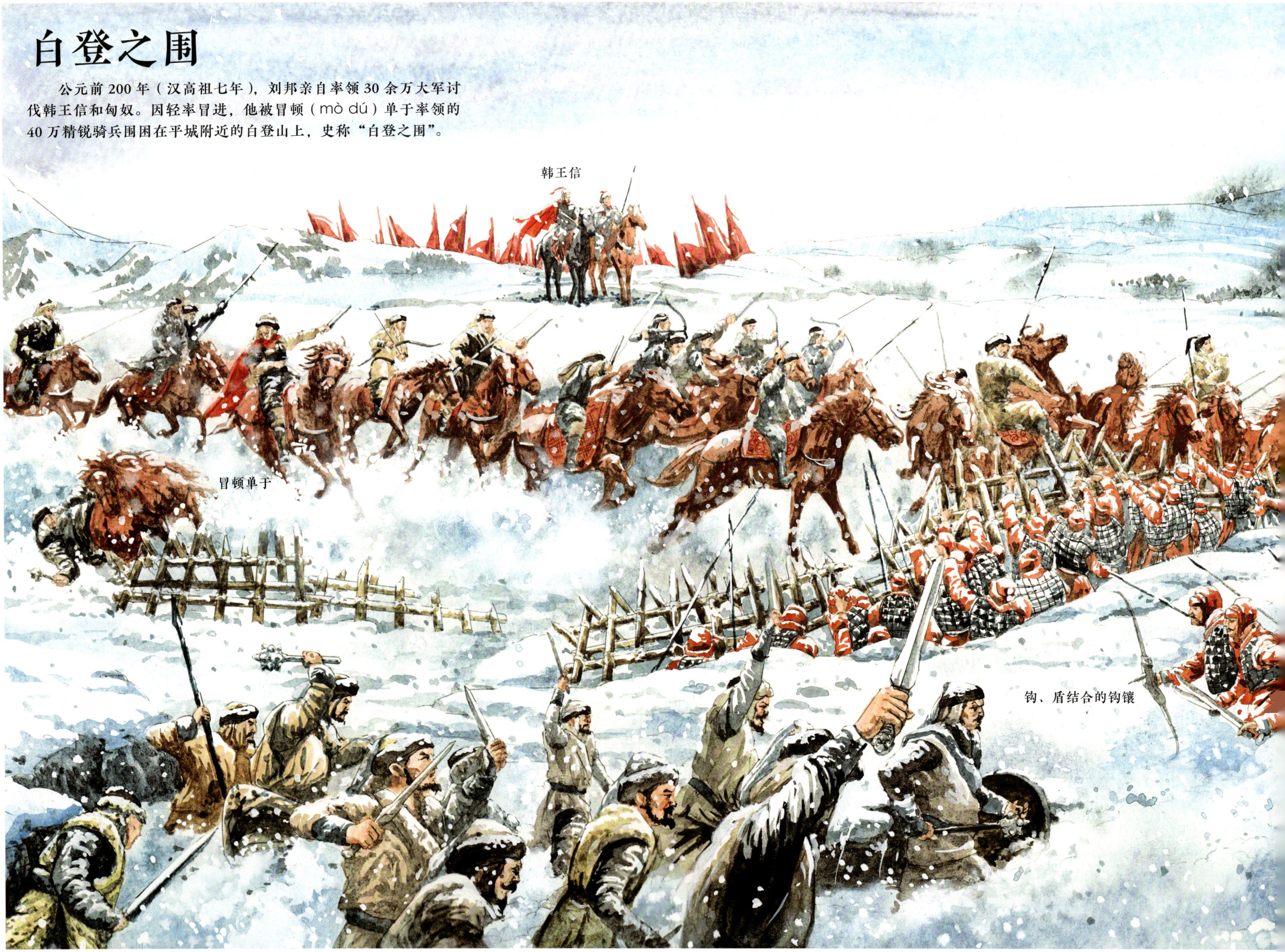

韩王信

冒顿单于

钩、盾结合的钩镶

你能找到这个勇猛的汉朝士兵吗？提示：他在一群匈奴士兵中间杀出了一条路，真是了不起！

哎哟，好痛！一个匈奴士兵竟然被汉军的猎犬咬到了，你能找到这只忠诚的猎犬吗？

匈奴的骑兵有 40 万，汉军虽然也有 30 余万，但是大多是步兵。聪明的你一定已经从画面中发现了这一点。

陈平

汉高祖刘邦

雪天的山路太滑了！就连经验丰富的匈奴骑兵都摔倒了，你能找到这个摔下马背的骑兵吗？

你知道吗？汉朝初年，马匹奇缺，就连皇帝出行的车，都备不齐四匹颜色一样的马，有的大臣只能乘坐牛车。

←← 刘邦为什么会被围困？ →→

当时的匈奴首领冒顿单于假装逃跑，引诱汉军追击。刘邦因为轻敌而中计，带领先头部队赶到平城（今山西大同），而后面的大部队还没有跟上，才会导致围困事件的发生。

汉高祖刘邦（前256或前247—前195年），字季，沛郡丰邑（今江苏丰县）人，他是中国历史上杰出的政治家、战略家和军事指挥家，也是汉朝开国皇帝。在位期间，他建章立制，休养生息，重农抑商，恢复社会经济，稳定统治秩序，安抚人民生活，为西汉王朝打下了坚实基础

为什么要讨伐韩王信和匈奴？

当时，冒顿单于率军南下，包围了韩国都城马邑（今山西朔州）。韩国诸侯王韩王信（韩王信姓韩，名信，与淮阴侯韩信重名，为了区分开来，所以称他为韩王信）一面向中央求援，一面向匈奴求和。这一举动引起了刘邦的怀疑，韩王信害怕被刘邦杀死，于是向匈奴投降。匈奴长驱直入，一直打到晋阳（今山西太原西南古城）。

面对匈奴的进攻和韩王信的背叛，刘邦决定亲自带兵讨伐。

为什么汉朝统一了全国，还会有韩国这样的诸侯国？

汉朝的政治制度几乎全部承袭秦朝，史称"汉承秦制"，不过，在地方制度上，汉朝有所改变。刘邦并没有完全实行秦的郡县制，也没有完全恢复周的分封制，而是采取郡国并行制，也就是分封诸侯的同时，在地方实行郡县制。

为什么会出现"汉承秦制"这种现象？

我们之前提到刘邦出身寒微，而他手下的大臣也都是平民，没有多少文化，以至于后来历史学家用"布衣将相"来形容这种局面。一群没有政治经验的大老粗治理国家，最好的办法就是"抄"——借鉴前朝的制度。

实行郡国并行制的原因是什么？

主要原因是各诸侯的实力都很强大，刘邦还不能完全掌控他们。这些诸侯是在反秦战争中成长起来的，在楚汉战争中属于"中间派"，刘邦能击败项羽，很大程度上是因为这些诸侯站在刘邦这边。可见，刘邦和各诸侯与其说是君臣关系，不如说是联盟关系。因此，为了得到各诸侯的支持，刘邦只能承认他们的地位，并且在名义上分封他们为王。这些诸侯王不姓刘，也不是刘邦的亲戚子弟，为了把他们与后来刘邦分封的同姓诸侯王区分开，历史学家称他们为"异姓诸侯王"。刘邦先后分封了七个异姓诸侯王，其中就有善于用兵的韩信。

实行郡国并行制有坏处吗？

当然有坏处了，刘邦分封的这些异姓诸侯王的封地占西汉疆域的一半，他们虽然接受汉朝的统一管理，但是能够直接治理封地、征收赋税、招募军队，有很高的自治权，实力足以对抗中央。

后来，刘邦分封自己的亲戚子弟为诸侯王，也就是我们说的"同姓诸侯王"，想以此来牵制异姓诸侯王。但是，郡国并行制造成的中央与地方之间的矛盾始终没有消除，异姓诸侯王纷纷叛乱，不过，都被刘邦先后派兵平定。

匈奴人像浮雕

匈奴人是从哪里来的？

匈奴是中国古代北方的一个游牧民族。它兴起于战国时期，曾被称为鬼方、獯鬻（xūn yù）、猃狁（xiǎn yǔn）。他们过着逐水草而居的生活，主要经营畜牧业，以养马、牛、羊等牲畜为生。他们擅长骑马射箭，有非常强大的骑兵。匈奴的首领叫作"单于"，单于的妻子叫作"阏氏（yān zhī）"。

秦汉之际，匈奴首领冒顿单于统一了北方草原，占领了河套地区。河套地区就是黄河拐弯的地方，范围包括今天内蒙古、宁夏、陕西的部分地区，这里土地肥沃，是历代兵家必争之地。

匈奴与汉朝的实力谁更强？

很难回答两者的实力谁更强，但是匈奴的势力范围与中原王朝的状况有关，如果中原王朝发生战乱，无暇顾及北部边疆，匈奴就会向中原地区扩张；如果中原王朝社会稳定，实力强大，就会加强对北部边疆的防卫，匈奴就会退回大漠。

举个例子，秦统一之后，秦始皇修筑长城，派兵击退匈奴，把匈奴的势力范围挡在长城以北。到了秦汉之际，中原混战，匈奴趁机把势力扩张到塞北地区，并且向南进攻中原地区。

1994年出土于青海省祁连县的汉代匈奴狼噬牛金牌饰，以浮雕和透雕的手法生动表现了一幅恶狼噬牛的画面

冒顿单于是谁？

冒顿单于是匈奴的杰出首领，他能成为单于，也经历了一番坎坷。

一开始，冒顿被选定为父亲头曼单于的继承人，后来，头曼又想要废掉冒顿，立更得宠的小儿子为继承人。于是，头曼把冒顿送到月氏（yuè zhī）做人质，然后又故意发兵攻打月氏。月氏人认为匈奴人言而无信，非常愤怒，要杀掉冒顿。冒顿偷了一匹马，孤身逃回匈奴。

头曼被冒顿的勇猛打动，于是任命他为将领，但是冒顿已经对父亲怀恨在心。经历了"鸣镝弑父"后，冒顿又杀死自己的后母、弟弟和不服从自己的部落首领，自立为单于。

什么是"鸣镝弑父"？

从月氏死里逃生后，冒顿制作了一种能发出声音的响箭——鸣镝，他严格训练手下士兵，并且立下规矩：他朝什么地方射鸣镝，手下士兵就必须朝什么地方射箭，违者杀头。冒顿用鸣镝射自己的爱马，有的士兵不敢动手，冒顿就把他们杀掉；冒顿又用鸣镝射自己的爱妻，有的士兵不

敢跟从，冒顿又把他们杀掉。在这样的训练下，士兵们对冒顿的命令都会绝对服从。

后来，冒顿率领士兵跟随父亲头曼狩猎，突然用鸣镝射向头曼，士兵们立刻随鸣镝放箭，射死了头曼，这就是"鸣镝弑父"事件。

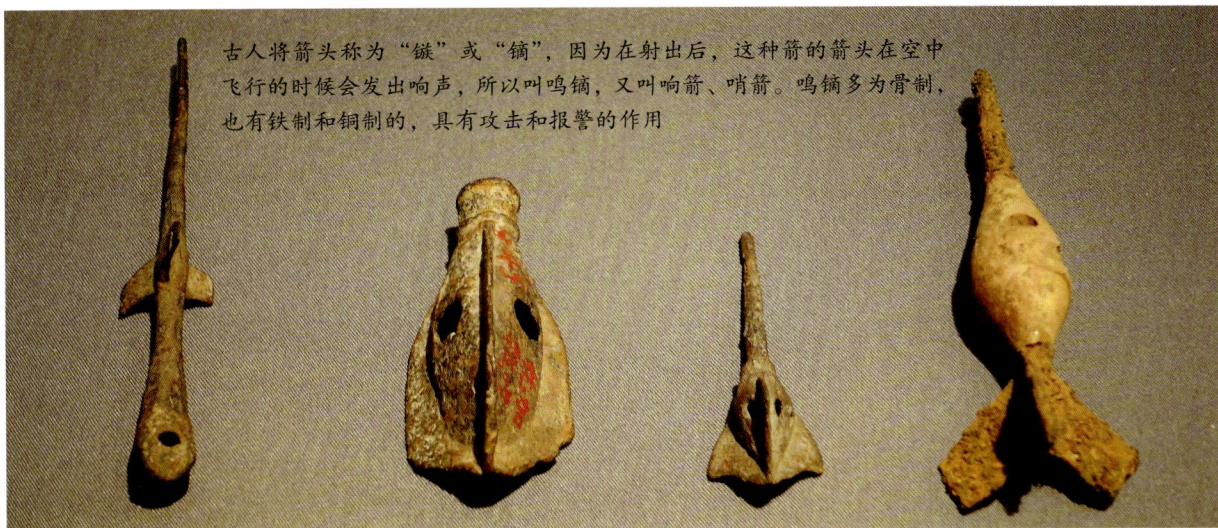
古人将箭头称为"镞"或"镝"，因为在射出后，这种箭的箭头在空中飞行的时候会发出响声，所以叫鸣镝，又叫响箭、哨箭。鸣镝多为骨制，也有铁制和铜制的，具有攻击和报警的作用

刘邦是如何脱围的？

白登山上，刘邦与士兵粮草缺乏，饥寒交迫，无法与包围圈之外的汉军联系上，也无法获得粮草，再加上当时正是隆冬时节，天气寒冷而且下大雪，不少士兵的手指都冻掉了，情况非常危急。

这时，在谋臣陈平的建议下，刘邦派人花重金贿赂阏氏。阏氏收了钱，果然找到冒顿，替刘邦说了不少好话。

同时，冒顿和韩王信的手下原本约定集合军队，到了约定的时间，韩王信的手下却迟迟未到，冒顿怀疑他们与汉军之间有阴谋，于是就听从了阏氏的话，决定放刘邦一马。冒顿下令把包围圈打开了一个小口，刘邦见状，赶紧命令士兵拉满弓，搭好箭，小心翼翼地从缺口走出，最终与大部队会合，成功脱困。随后，冒顿撤军离开，汉军也撤退了。

白登之围后，匈奴是否还发起过对汉朝的进攻？

当然，冒顿的目的没有达到，怎么会善罢甘休呢？后来，他屡次进攻北部边境，让刘邦忧虑不已，就问刘敬对策。刘敬提出了和亲的建议，也就是中原王朝的统治者与少数民族首领进行联姻。

据《史记·刘敬叔孙通列传》记载，刘敬对刘邦说："汉朝刚建立没多久，军队疲惫，打不过匈奴。陛下应该让皇后生的公主嫁给冒顿，再送上丰厚的礼物，这样冒顿就会爱慕公主，让自己和公主的儿子做王位继承人。这样，冒顿就是汉朝的女婿，他的儿子就是汉朝的外孙。等到冒顿单于死了，他的儿子继承了王位，作为汉朝的外孙，怎么会和姥爷对抗呢？如此一来，匈奴的子孙后代就会臣服于汉朝了。"

刘邦听从了刘敬的建议，并且派刘敬作为使者，开始与匈奴和亲。

在一定程度上，和亲政策缓和了汉朝与匈奴之间的紧张关系，让汉朝得以休养生息，开启了之后的文景之治；同时也促进了中原地区与少数民族的经济文化交流。

刘敬是谁？刘邦为什么会听从他的建议？

刘敬原本叫娄敬，是刘邦的谋臣，后来被赐姓刘，所以改叫刘敬。

在刘邦率军征讨匈奴之前，匈奴把强壮的士兵和牛马藏了起来，故意显露出老弱的士兵和牲畜，迷惑了汉军派去打探军情的使者，让刘邦误以为匈奴军队弱小，可以进攻。但是，刘敬却认为这可能是匈奴故意示弱，肯定有埋伏，建议刘邦不要进攻。

刘邦却十分轻敌，不仅不听刘敬的建议，还骂了他一顿，用镣铐把他铐了起来。后来，果然如刘敬判断的那样，刘邦在白登山上吃了苦头。回来之后，刘邦赦免了刘敬，还亲自向他赔礼道歉，封他为侯，后来还听从了他提出的与匈奴和亲的建议。

文景之治

西汉初期，统治者推崇黄老之术，文帝、景帝在位时，国家重视农业，奖励耕织，减轻租税，提倡节俭，促进了社会经济的恢复与发展，使得耕地与人口增加，社会安定，国家富足，历史学家称之为"文景之治"。

一对兄妹正试图将东游西逛的鸭子赶回去，在妹妹的指导下，哥哥能成功吗？试着找到他们吧！

耕地

画面中出现了好多动物呀！有在水流中畅游的红色的小鱼儿和鸭子、聚在一起吃草的小猪、默默耕田的黄牛、从田边经过的马儿……你还能找到哪些小动物？

收割庄稼

扬米去糠

耧（lóu）车

西汉时期的经济状况如何？

中国古代社会是传统农业社会，生产的基本模式是自给自足的小农经济，主要表现为以一家一户为生产单位，正如黄梅戏中所唱的"你耕田来我织布"。

经过汉初"文景之治"的恢复，西汉时期的农业得到了较大发展，农业生产工具和生产技术有了很大进步。铁农具和牛耕得到了推广和改进。人们发明了很多新式农具，如耦（ǒu）犁、耧车、水碓（duì）等。农学家氾胜之系统地总结了当时农业生产的理论和技术，写成了《氾胜之书》，这是我国现存最早的农书。

此外，手工业也取得了很高的成就。纺织手工业水平很高。冶铁业规模很大，人们发明了淬火技术。煮盐也是重要的手工业，汉武帝时实行盐铁专卖制度，反映了盐在经济中的重要地位。

水碓是利用水力来加工粮食的机具，河水流过水车，以水流的力量转动轮轴，再拨动碓杆上下舂米，把粮食的外壳去掉

楼车是现代播种机的始祖，由西汉时期的农学家赵过发明，他在一脚楼和二脚楼的基础上，创造发明了能同时播种三行的三脚楼，大大提高了播种效率。播种时，牛在前面拉着楼车，人在后面操纵，楼脚在平整好的土地上开沟播种，同时进行覆盖和镇压，一举数得，省时省力，故其效率可以达到"日种一顷"

除了水碓，汉代还有足碓和畜力碓的发明和运用。此图为东汉时期的舂米画像砖，采用的就是足碓舂米的方式。画面中左边两个人站在楼架上，用脚踏碓舂谷，右边一个人拿着桶倾倒已经舂完的谷，另一个人手持双扇，将糠秕（分离出来的谷子外壳）扇走

汉代的铁农具：铁铧、铁犁壁和铁五齿耙

文景之治让汉朝富足到了什么程度？

据《史记·平准书》记载：文景之治的几十年间，国家没有发生大的动荡，国库里积攒了大量的钱，因为长期不用，穿钱的绳子都烂掉了，数都没法数；仓库里堆满了粮食，堆不下的只好放在外面，以至于腐烂不能吃了；街巷之中随处都能见到马，道路上的马更是成群……不仅如此，如果没有遇到水旱灾害的侵扰，百姓们的日子也都过得很富足，可以说，经历了秦朝的暴政和秦末的战乱，百姓们终于过上了安居乐业的生活。

什么是"黄老之术"？

"黄老之术"指的是黄帝和老子的学说，实际上是道家学说中的两派，主张无为而治，与民休息。无为而治，指的是统治者治理国家时要顺应自然，不要过分积极"有为"，打扰百姓。与民休息，指的是统治者要给百姓休养生息的机会。

为什么推崇黄老之术？

因为西汉的统治者吸取了秦朝灭亡的教训。

秦朝统治者搞了很多大工程，比如修长城、宫殿陵墓，发动战争，等等。这些

汉代有着"尚马"的社会氛围，人们将马看作是财富的象征，而文景之治时期，道路上的马成群结队，可见当时的百姓生活有多富庶。图为东汉铜奔马，又名"马踏飞燕"，现藏于甘肃省博物馆

萧何。"曹参说："既然陛下不如先帝，我不如萧相国，那么，他们制定的各项法律和制度，陛下和我又怎么能随便改动呢？我们只要遵守先帝和萧相国定下的规矩，不要违背，就能治理好天下了。"汉惠帝听完之后觉得有道理，不再对曹参不满。

后来，人们就用"萧规曹随"这个成语，来表示按照前人的规矩办事。

汉文帝为什么要废除肉刑？

汉文帝废除肉刑，是中国古代法律史上的一大进步，影响深远。

这次进步与一个叫缇萦（tí yíng）的小女孩有关。

缇萦的父亲淳于意是一个医术精湛的医生，公元前167年（文帝十三年），他得罪了人，被告到朝廷，判处"肉刑"。肉刑就是伤害身体的刑罚，比如劓（yì）刑（割鼻子）、刖（yuè）刑（砍掉脚）等。得知这件事，小女儿缇萦心如刀绞，她跟着被押解的淳于意一路来到长安，并向汉文帝上书，为父亲鸣不平，表示自己愿意在官府做奴婢替父亲赎罪，让父亲有机会改过自新。

汉文帝看到缇萦的上书，被缇萦的孝心所打动，于是下令废除了肉刑。

刘恒（前202—前157年），即汉文帝，他是汉高祖刘邦的第四子，也是西汉的第五位皇帝（前180—前157年在位）。即位后，他励精图治，兴修水利，厉行朴素，废除肉刑，开启"文景之治"的发端

西汉初年，诸侯国同中央的关系如何？

前面提到，西汉初期实行郡国并行制，分封的诸侯王中分为同姓诸侯王和异姓诸侯王。后来，异姓诸侯王要么被杀，要么被废，要么逃跑，最终只剩下同姓诸侯王。刘邦认为，自己的子弟不会背叛朝廷，但他死后，随着实力日益变强，同姓诸侯王也逐渐产生了反叛的想法。

汉文帝时，有同姓诸侯王发动叛乱。贾谊建议文帝"众建诸侯而少其力"，也就是多分封诸侯王，把诸侯国分成若干小国，削弱其国力。文帝为了维持政权的稳定，基本没有采纳贾谊的建议。

文帝去世后，景帝继位，御史大夫晁错建议景帝削弱各诸侯国的势力，景帝采纳了他的建议，吴王刘濞（bì）见势不妙，于是联络其他六个诸侯国，打着"诛晁错，清君侧"的口号发动叛乱，史称"七国之乱"。

汉景帝杀了晁错，想要息事宁人，但是却没有平息叛乱。最后，景帝放弃幻想，派出军队，仅仅用了3个月就平定了这场叛乱。

都需要大量的人力、物力和财力，所以统治者频繁征发百姓，向百姓征收重税。百姓不愿意，统治者就用严酷的刑罚强迫他们。最后，百姓生活艰难，不堪压迫，只好起来反抗暴政，推翻了秦朝。

鉴于这个教训，汉初统治者选择减轻赋税和刑罚，减少百姓的负担，同时厉行节俭，过俭朴日子，减少开支，以此来缓和统治者和百姓之间的矛盾。

汉初的几位统治者是如何坚持"无为而治"的？

因为这符合当时社会发展的需要。《史记·曹相国世家》中还记载过这样一个故事——刘邦去世后，太子刘盈继位，这就是汉惠帝。惠帝继位第二年，相国萧何去世，曹参接替了相国的职位。曹参吩咐手下，一切事务都按照萧何当相国的时候办，自己却无所事

事，整日和别人饮酒作乐。

汉惠帝很不理解，对曹参很有意见。曹参知道之后，就问惠帝："陛下和先帝相比，谁更圣明？"惠帝说："我怎么比得上先帝呢？"曹参又问："我和萧何相比，谁更贤能？"惠帝说："我感觉你好像不如

一只屋顶上的小猫正望着树上的小鸟出神，它在想什么呢？你能在画面中找到它的同伴吗？提示：它的同伴是一只橘色的小猫。

孔壁中书

　　根据《汉书》记载，汉景帝的儿子鲁恭王刘馀想要扩建宫殿，为此他命人拆掉孔家故宅。拆除墙壁时，工匠在墙壁里发现了很多书简。因此，这些书被称为"孔壁中书"。

孔家故宅

百姓们害怕看守的官兵，只敢躲在外面偷看，你注意到了吗？

有一个人不小心把腿摔伤了，他的同伴要赶紧带他去看郎中，希望他的腿能快点儿痊愈。这个行动不便的人在哪儿呢？

孔家故宅的墙壁里发现竹简的消息很快传遍了大街小巷，在众人的搀扶下，一位在当地很有威望的老妇人也来到了这里，想要亲眼看看这一切究竟是不是真的。

鲁恭王刘馀

哇，这个人的身手太敏捷了，竟然没用梯子就爬到房顶上了。数一数，画面上的屋顶一共出现了多少个人？

你知道吗？目前发现最早的纸是"灞桥纸"，年代不晚于汉武帝时期，而且考古学家推测西汉初期就已经有纸，但是因为质量差、成本高，纸没有得到普及。原来那时候的人们还是使用书简呢！

27

← "孔壁中书"都是什么书？ →

孔壁中书都是用古文（指先秦文字）书写的，其中有《礼记》《尚书》《春秋》《论语》《孝经》等儒家经典。

这些书简为什么会藏在墙里呢？

真实原因我们已经不得而知，不过，据人们推测，这些书简是战国时期的人抄写的，后来，秦始皇"焚书坑儒"，这些书简有遭到焚毁的危险，孔家的人为了保护这些儒家经典，就把书藏进了墙壁里。

什么是"古文"？什么是"今文"？

为什么会有"古文"和"今文"之分呢？这要从秦始皇统一文字说起。

兼并六国之后，秦始皇命丞相李斯在秦国文字的基础上做小篆，然后通行全国，汉代通行的隶书也是在这一基础上形成的，这个被称为"今文"。而通行于战国时期东方六国的文字，则因为时间久远无人能识，所以被称为"古文"。

今天的山东曲阜孔庙"鲁壁"碑是明代时为了纪念"孔壁中书"而刻制的

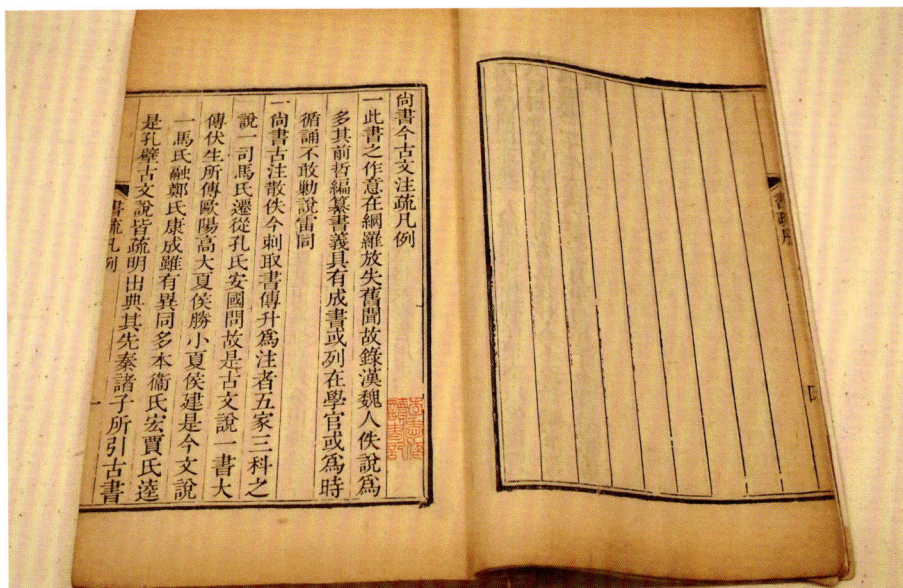

《尚书今古文注疏》是清代学者孙星衍所作，因为只疏今文28篇与泰誓篇，而不注伪古文尚书25篇，所以内容可靠，是重要的尚书研究著作

什么是经学？为什么会有今文和古文之分呢？

经学，是指研究儒学经典的学问。因为依据的版本不同，经学也有古文和今文之分。

"今文经"主要来源于通晓儒家经典的学者的口授，人们用当时通行的隶书记录下来，所以是用今文写成的。

"古文经"主要来源于散落在民间、偶然被发现的儒家经典，这些经典是从过去传下来的"文物"，所以都是用古文写成的，比如孔壁中发现的书简。

比如，儒家经典之一的《尚书》，是上古时期历史文献的汇编，记录了很多帝王贤哲的言论与思想。《尚书》的成书时间很早，西汉时流传下来的《尚书》，其内容只是原书的一小部分。

据《史记·儒林列传》记载，伏生是研究《尚书》的专家，汉文帝想要召用他，但是当时伏生已经90多岁，行动不便，于是文帝就派学者晁错跟伏生学习《尚书》，并且让晁错把《尚书》整理出来，因为由今文写成，所以被称为《今文尚书》。

孔壁中书里面的《尚书》由古文写成，所以被称为《古文尚书》。

除了依据的版本不同，今文经学和古文经学的治学风格也有所不同。今文经学注重阐发儒家经典中的"微言大义"，古文经学注重考察儒家经典中字词的原本含义。

"孔壁中书"后来的命运如何？

不同于秦朝的"焚书坑儒"，汉朝的统治者非常重视文化，汉高祖、汉惠帝、汉文帝都曾鼓励民间献书。所以，发现孔壁中的藏书之后，恭王肃然起敬，下令停止拆房子，并且将这些书都交给了孔家的后人孔安国。

根据《汉书·艺文志》记载，孔子的后人孔安国用"孔壁"中发现的《古文尚书》对校当时通行的《今文尚书》，发现二者内容有所不同。于是，孔安国把《古文尚书》献给朝廷。

但是，西汉时，朝廷认可今文经学，孔安国所献《古文尚书》被收藏在国家图书馆里，未获重视。后来，历经朝代更迭和战乱，《古文尚书》已经散佚在滚滚的历史洪流中。

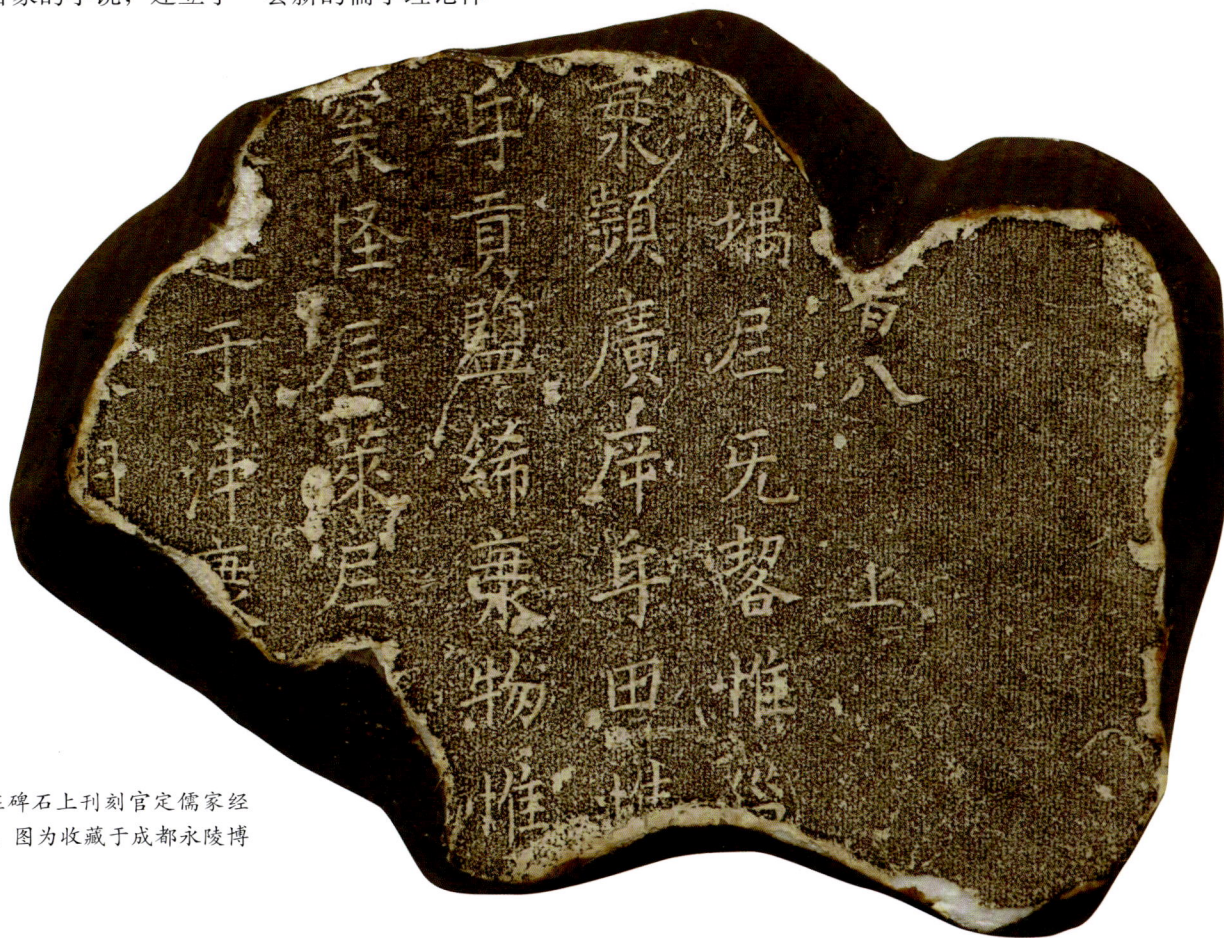

汉武帝刘彻（前156—前87年），西汉第七位皇帝，在位54年（前141—前87年）。他是一位雄才大略的皇帝，在政治上，他颁布"推恩令"，削弱诸侯国实力，加强中央集权；在经济上，他实行"盐铁官营"，增加国家财政收入；在文化上，他采纳董仲舒"罢黜百家，独尊儒术"的建议，确立了儒家思想的正统地位；在军事上，他任用军事奇才卫青、霍去病为将领，把匈奴赶回漠北，还派遣张骞两次出使西域，开辟了后来的丝绸之路，加强了西域与中原之间的联系，他还出兵东南地区，平定割据势力，同时还加强了对西南、东北少数民族地区的管理。在他的统治下，西汉走向鼎盛。图为矗立于西安汉城湖公园的汉武大帝像

推崇"黄老无为"的汉朝，为什么突然转向儒学？

这一转变离不开两个关键人物，汉武帝和董仲舒。

经过几十年的文景之治，汉朝的经济得到充分的发展，所以作为后继者的汉武帝已经不满足于"黄老无为"宗旨，想要成就一番大的功业。

董仲舒是当时著名的儒学大家，他吸收了法家、阴阳家、道家等诸子百家的学说，建立了一套新的儒学理论体系，提出了"大一统""天人感应"等学说。

这些理论正是积极进取的汉武帝所需要的，所以当董仲舒向他提出"罢黜百家，独尊儒术"（意思就是除了儒家思想以外，其他诸子百家的思想都废弃不用）的建议时，汉武帝欣然采纳。

什么是"大一统"？什么是"天人感应"？

董仲舒认为，《春秋》中所说的"大一统"是天地之间、古往今来的最普遍规律，所以要统一思想；皇帝的权力是上天授予的神圣权力，所有人都要服从于皇帝的权威，但是如果皇帝昏庸无道，上天就降下灾祸惩罚皇帝，这就是天人感应理论。

经过董仲舒的改造，儒学逐渐发展为中国古代社会的主导思想。

儒学对中华民族的思想文化具有相当深远的影响，比如中国人重视团结统一，就与儒学中的大一统有着密切联系。

中国古代中央政府在碑石上刊刻官定儒家经书，被称作"石经"。图为收藏于成都永陵博物馆的后蜀石经

董仲舒（前179—前104年），广川郡（今河北景县西南）人，西汉思想家、政治家、今文经学大师。汉景帝时任博士，讲授《公羊春秋》。公元前134年（汉武帝元光元年），汉武帝下诏征求治国方略，董仲舒写出《举贤良对策》，提出了自己的政治主张

西汉内宫中设有"狗监"一职，专门负责管理皇帝的猎犬，汉武帝更是出了名的"爱犬人士"，甚至专门在上林苑建造了犬台宫和走狗观。快去画面中找到猎犬们勇猛飞驰的身影吧！

汉武帝游猎上林苑

经过 60 多年的休养生息，西汉的国力也大为强盛，公元前 138 年（建元三年），在汉武帝刘彻的命令下，曾经荒废的上林苑得以重建。

石鲸

龙首船

这只猎鹰正在寻找它的猎物，找一找，它盯上了哪只小动物？

30   这头鹿的求生欲太强了，看！它的身上中了好几箭，可是仍旧奋力地向前奔跑着，猜一猜，它能够成功逃脱吗？

一个骑兵的斗篷被风吹起，竟然把自己的头盖得严严实实，连路都看不清了！你能找到这好笑的一幕吗？

昆明池

汉武帝

羽林骑

数一数，画面中一共出现了多少位骑兵？注意：要骑在马上的才算数哦！

汉武帝十分重视骑兵，他不仅组建了大量的骑兵部队，还引进了良种马匹，骑兵的战斗能力大大提升。瞧，汉朝骑士们在马背上的英姿丝毫不比匈奴骑兵逊色。

← 上林苑有多大？ →

上林苑是中国古代历史上一个著名的皇家"苑囿（yòu）"。"苑囿"是帝王饲养禽兽的园林，相当于皇家动物园，供皇室成员和贵族参观、游玩。上林苑始建于秦始皇时期，后来由于战乱逐渐荒废，在汉武帝时期得以重建。据史籍记载，上林苑面积广大，规模宏伟，纵横300里（古代长度单位与今天略有不同，秦汉时期1里相当于今天的415.8米），其中有三十六苑、十二宫、三十五观。三十六苑中有供游憩的宜春苑，供侍女留宿的御宿苑，为太子设置招待宾客的思贤苑、博望苑等。

上林苑里都有什么？

除了可供皇家狩猎的园林外，上林苑中有大型宫城建章宫，汉武帝特意安排了一支专门的部队"建章营骑"守卫这里。此外，还有一些各有用途的宫、观建筑，如演奏音乐和唱曲的宣曲宫；观看赛狗、赛马和观赏鱼鸟的犬台宫、走狗观、走马观、鱼鸟观；饲养和观赏大象、白鹿的观象观、白鹿观；引种西域葡萄的葡萄宫和养南方奇花异木，比如菖蒲、山姜、桂、龙眼、荔枝、槟榔、橄榄、柑橘之类的扶荔宫；角抵（类似现在的摔跤和相扑）表演场所平乐观；养蚕的茧观；还有承光宫、储元宫、阳禄观、阳德观、鼎郊观、三爵观等。

上林苑内还有很多池沼，其中以昆明池最为壮观，周围环绕着宫殿楼阁。汉武帝命人建造了许多巨型的战船，上面插着旗子，非常壮观。

汉武帝就在昆明池内训练水军，可以想象昆明池有多大。

"建章营骑"和大名鼎鼎的"羽林骑"谁更厉害？

羽林骑，是汉武帝设立的禁卫军。汉武帝在陇西等六个郡中，选拔会武功的世家子弟，命令他们担任皇帝的护卫，保护皇帝的安全。"羽林"就是"如羽之疾，如林之多"（出自隋唐时期的经学大家颜师古）的意思。后世常常把皇帝身边的禁卫军称为"羽林军"。

不过，羽林骑曾经改过名字，改名前，这支队伍就是"建章营骑"。

很多影视剧中提到，卫青和霍去病都出身于羽林骑，但史籍中查不到卫青、霍去病与羽林骑的直接关系。

"胡服骑射"让骑兵开始登上历史舞台，汉代的骑兵地位逐渐重要起来，到了汉武帝时期，骑兵空前强大。图为西汉彩绘骑兵俑

刘彻是如何当上皇帝的？

刘彻虽然是汉景帝的儿子，但一开始并不是太子，当时的太子是汉景帝的长子刘荣。汉景帝的姐姐馆陶公主想让自己的女儿阿娇嫁给刘荣，借此巩固自己的地位，没想到却被刘荣的母亲栗姬拒绝了。馆陶公主又转而将目光投向刘彻的母亲王美人。与栗姬不同，王美人一口答应了她的建议。

后来，在馆陶公主的帮助下，刘彻果然被立为太子，并娶阿娇为太子妃。刘彻登基后，阿娇也成了皇后，这就是陈皇后。

"金屋藏娇"这个故事和汉武帝有关系吗？

有关系。据说，在刘彻几岁的时候，他的姑母馆陶公主抱着他，把他放在膝盖上和他玩。姑母问他："你想不想娶媳妇呀？"刘彻说："想。"姑母指着身边好几名侍女问刘彻想要哪一个，刘彻却说这里面的人都不想要。最后，姑母指着阿娇问刘彻："阿娇好不好？"刘彻说："好！如果阿娇做我的老婆，我就造一个金屋子，让她住在里面。"

不过，可惜的是，因为没有子嗣，陈皇后阿娇逐渐失宠，后来皇后之位也被歌女出身的卫子夫取代。

为什么会有"秦皇汉武"的说法？

经过 60 多年的休养生息，西汉的国力也大为强盛，这为汉武帝施展自己的雄才大略奠定了物质基础。

汉武帝刘彻即位后，在政治、经济和思想上颁布一系列措施，建立起了一个强大的中央政府，并且集中了大量的人力、物力、财力，服务于他为了开疆拓土而发动的战争。经过 20 多年的经营，武帝时汉朝疆域较秦朝时扩大了近一倍。

在很多史家看来，汉武帝的功业足以媲美秦始皇，所以才会有"秦皇汉武"的说法。不得不说，无论是功绩还是缺点，汉武帝都很像秦始皇，这也难怪人们总是把这两位皇帝相提并论。

汉武帝是如何解决匈奴问题的？

白登之围以后，汉初的几代统治者一直采用和亲政策来维护与匈奴的关系，但边境冲突依然不断。到了汉武帝时期，他决心彻底解决匈奴问题，他任用军事奇才卫青、霍去病为将领，主动出击匈奴，经过 10 年的战争，占领阴山以南和河西走廊的大片区域，把匈奴赶回漠北。

为配合对匈奴的战争，汉武帝还派遣张骞两次出使西域，开辟了中西交通道路（丝绸之路），加强了西域与中原之间的联系。

霍去病是西汉时期的大将，他是卫青的外甥，二人曾一起重挫匈奴，可惜霍去病英年早逝。图为霍去病墓前的马踏匈奴石雕的拓片

汉武帝有这么多功绩，就没有缺点吗？

当然有了，他好大喜功，致力于开疆拓土，使得战争频繁；他喜欢铺张排场，连年出巡，大搞祭祀典礼；他生活奢靡，大兴土木，修建大量像上林苑这样的宫殿苑囿；他非常迷信，希望长生不老，四处求仙问药……这些事情花费了大量钱财，导致国库空虚，人民负担沉重，到了汉武帝晚年，汉朝出现了严重的社会问题，各地纷纷爆发农民起义，社会动荡不安。宫廷内部更是因为他的疑心太重而发生"巫蛊之祸"。

什么是"巫蛊之祸"？

巫蛊是一种巫术，就是把木偶作为仇敌的化身，对木偶"施法"，通过这种方式诅咒仇敌。巫蛊之祸，又叫巫蛊之乱，是汉武帝晚年时的一次宫廷内乱。

武帝晚年身体不好，疑心很重，总是担心有人要害他。起初有人告发丞相公孙贺父子行巫蛊诅咒武帝。武帝得知后大怒，不仅杀了公孙贺全家，与此事有牵连的两位公主和卫青的儿子卫伉（kàng）也都未能幸免。

西汉文物"杀人祭鼓铜贮贝器"

后来，有天白天睡觉的时候，武帝梦见几千个木头人要拿棍子打他，惊醒后，他感到身体很不舒服。当时很受武帝信任，但是曾和太子刘据有矛盾的江充借机诬陷这是太子行巫蛊造成的。太子想要找在甘泉宫避暑的武帝辩解，却被江充阻拦。情急之下，太子被迫调集军队，假托武帝的命令杀死了江充。

武帝以为太子谋反，命令当时的丞相刘屈氂（máo）率军与太子战斗，双方在长安城大战，死伤者数万人。太子战败逃走，躲了起来，卫皇后也被迫自杀。不久，太子被发现后也自杀了。

事后，武帝查明太子是被江充诬陷的，他非常后悔，开始反思之前的政策，于是有了后来的"轮台罪己诏"。

金缕玉衣是汉代规格最高的丧葬殓服。玉衣是穿戴者身份等级的象征，皇帝及部分近臣的玉衣以金线缕结，称为"金缕玉衣"，其他贵族则使用银线、铜线编造，称为"银缕玉衣""铜缕玉衣"。汉代贵族相信这样就能尸骨不腐，以便来世再生。可见当时的人们，尤其是皇室贵族对于"长生不老"的渴望

轮台罪己诏是怎么回事？

汉武帝和秦始皇的相同之处是好大喜功，但汉武帝更善于吸取教训，敢于承认自己的错误，这对一个封建帝王来说是很不容易的。

公元前 89 年（征和四年），桑弘羊等大臣提议在轮台（今新疆轮台）开屯田，巩固汉朝在西域的地位。汉武帝借此机会颁布了"轮台罪己诏"，批评屯田是"扰劳天下"。他在诏书中深刻反省、检讨自己，做了自我批评。

之后，汉武帝减少战事，改革赋税，恢复农业生产，这些措施缓和了社会矛盾，避免汉朝陷入亡秦的厄运。

张骞出使西域

公元前 138 年（建元三年），汉武帝招募使者出使大月氏，张骞应募任使者，和手下堂邑父一起带领着使节团，前往充满未知的西域。

仔细观察，然后认真阅读下一页的内容，你觉得这幅图表现的是张骞第几次出使西域的场景？你能判断出这是出发还是归来吗？

西域商贩

西域僧人

唉？这辆车的车轮好奇怪，竟然是实心的。事实上，这种无车辐实木车轮马车在中原的确很难见到，它起源于西亚，在西域游牧民族中，主要是塞种胡人在使用。

张骞

你能在画面中找到这只不起眼的蜥蜴吗？

张骞不仅从西域带回了葡萄、黄瓜、芝麻等植物，还有狮子、犀牛、汗血马这些汉朝的百姓们从来没有见过的动物，大家都觉得很稀奇。有一个人正兴奋地向同伴招手来看笼子里的狮子呢！

←← 西域是什么地方？ →→

汉朝时的"西域"，指的是玉门关、阳关以西的广大地区。阳关和玉门关都在今天甘肃敦煌附近，这两个关隘是中原通向西域的交通门户。古代诗歌中有很多关于"阳关"和"玉门关"的诗句，如"春风不度玉门关"（王之涣《凉州词》）和"西出阳关无故人"（王维《送元二使安西》）。

狭义的"西域"指的是天山以南、昆仑山以北、敦煌以西、帕米尔高原以东的地区，大致相当于今天我国的新疆维吾尔自治区。

广义的"西域"指的是通过狭义西域所能到达的地区，包括亚洲中部和西部、印度半岛、欧洲东部和非洲北部等地区。

玉门关，位于今天的甘肃省敦煌市，是汉代中原通往西域的门户。现存关城呈方形，由黄土夯筑而成

张骞是谁？他为什么要出使西域？

张骞是汉中成固（今陕西城固）人。汉武帝建元年间，张骞曾担任过郎官，相当于皇帝的保镖。当时，汉武帝正在筹划对匈奴的战争。匈奴战俘带来消息：匈奴曾和月氏人打仗，不仅杀死了月氏王，还拿他的头当酒器。月氏人被打败，从原来居住的地方迁走了，他们非常恨匈奴人，但是又打不过匈奴人，因而需要盟友的帮助。

汉武帝听到消息后，打算派使者去联络月氏人，说服月氏人与汉朝共同夹击匈奴。

张骞像

张骞手上拿的是什么东西？这个东西叫"旌（jīng）节"，是古代的出使凭证，是使者在出使他国时，用来表示自己身份的物品。旌节一般是由竹子做成的，上面会点缀一些装饰，如牦牛尾

张骞是否完成了使命？

从汉朝到月氏人的居住地，会经过匈奴人的地盘，张骞不幸被匈奴人抓了起来，并且被扣留下来。张骞在那里娶妻生子，住了十几年，但是始终没有忘记汉武帝交给自己的任务。

终于有一天，张骞和手下的人趁匈奴人不备逃跑了。他们经过大宛、康居等国，被康居人送到了大月氏。但是，张骞没能说服月氏人和汉朝联合，只好返回汉朝，谁知途中又被匈奴人抓住扣留。后来，单于死了，匈奴爆发内乱，张骞连忙趁机和堂邑父一起回到汉朝。

张骞出发时，使节团有100多人，经过13年的磨难，只剩下张骞和堂邑父两个人。

虽然张骞没有完成汉武帝交给他的任务，但他掌握了关于西域各国地理位置、物产资源、社会历史、风土人情等方面的大量信息，为后来打通"丝绸之路"提供了条件。后来，张骞被汉武帝封为"博望侯"。

月氏和大月氏是什么关系？

大月氏是月氏人的一个分支，月氏人被匈奴打败之后，大部分月氏人迁居西域，所以被称为"大月氏"。

大月氏人为什么会拒绝张骞的建议？

月氏王被匈奴人杀死后，太子被立为王。他带领族人征服了大夏，占据了肥沃的土地，在这里安逸地生活了十几年，所以不愿意打仗，也不想找匈奴报仇了。而且，大月氏人觉得自己离汉朝太远，之前也没有什么往来，就更没有与汉朝夹击匈奴的想法了。

张骞总共去过几次西域？

两次。汉武帝派卫青和霍去病北击匈奴，取得了一系列胜利，匈奴被迫撤出了河西地区。为了巩固战果，汉武帝再次派遣张骞出使西域。

这一次，张骞的目的地是乌孙国。乌孙曾经臣服于匈奴，但是和匈奴有矛盾。于是，汉武帝想要说服乌孙与汉朝结盟，共同对付匈奴。

交河故城是世界上现存最大最古老、保存最完好的生土建筑（指主要用未焙烧而仅作简单加工的原状土为材料营造主体结构的建筑）城市，也是我国保存2000多年最完整的都市遗迹，是古代丝绸之路上的经济重镇

班超出使西域路线图

第二次出使西域的过程顺利吗？

与第一次相比，张骞的第二次西域之行十分顺利。这一次，他没有受到匈奴的阻拦，带着人数众多的使节团以及大量的牛羊、财物顺利抵达乌孙。庞大的使节团、贵重的礼物、彬彬有礼的使臣，让乌孙王对大汉帝国心生敬畏，热情地招待了张骞一行人。

很可惜，乌孙王虽然对张骞以礼相待，表示愿意与汉朝交往，但同时也不想和匈奴作对，所以委婉地拒绝了张骞的请求。

张骞在乌孙居住了一段时间，又派遣使节前往西域的其他国家，宣扬汉朝的威德，表达交往的意愿。张骞返回长安时，乌孙也派使臣与张骞一同前往，借机打探汉朝的情况。乌孙的使者在长安看到汉朝地域广大，人口众多，国家富强，于是回国向乌孙王报告，乌孙王就有了与汉朝搞好关系的想法。后来，乌孙和汉朝开始了和亲。

张骞再度出使西域，有什么意义？

张骞第二次出使西域，加强了汉朝和西域各国之间的联系。虽然他回到长安一年多以后就病逝了，但是此后，张骞在乌孙时向西域各国派出的使节陆续回到长安，西域各国的使臣也随他们一同赶来。

就这样，汉朝与西域各国建立起密切的联系。张骞出使西域是一次伟大的壮举，司马迁在《史记》中称之为"凿空"，意思就是张骞开辟了汉朝与西域交往的通道。

张骞之后，谁接过了经营西域的大旗？

在经营西域方面，能够和张骞相提并论的，就是东汉时期的著名军事家班超了。

班超早年和家人住在洛阳，在官府从事抄写文书的工作，但是，年轻的他很有志向，不甘心只做抄书的工作，立志要像张骞一样建功立业。当时，西域又处于匈奴的控制之下，汉明帝想要恢复西汉对西域的统治，于是派窦固等人率军讨伐匈奴，当时已经40多岁的班超毅然参军，前往西域，这就是成语"投笔从戎"（"戎"就是军队的意思）的来历。

班超作战勇猛，在与匈奴人的战争中表现突出，得到了窦固的赏识。后来，窦固派班超出使西域。

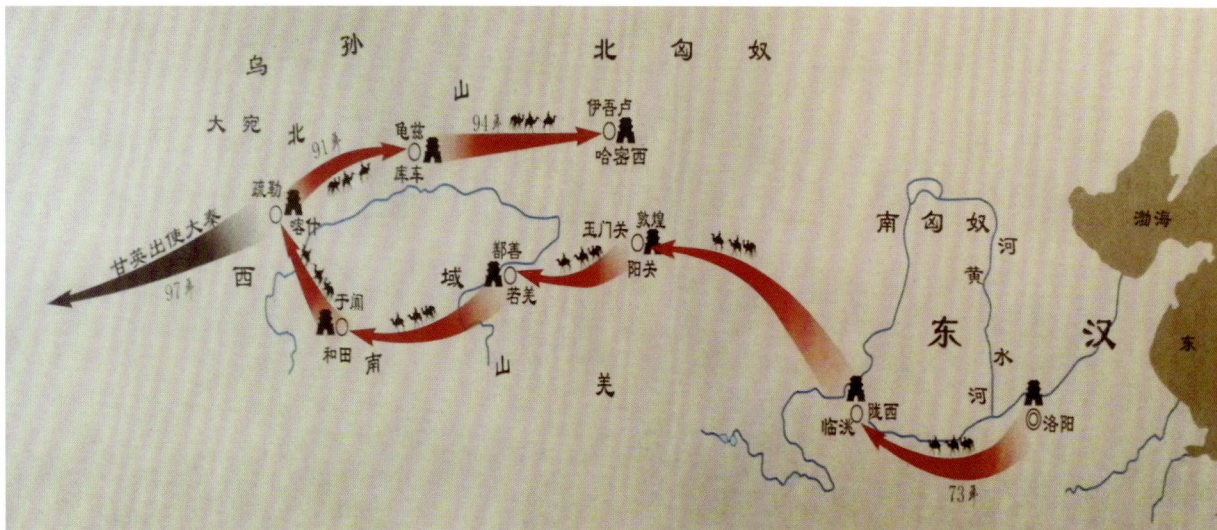

班超遇到过什么困难，他是怎么处理的？

以班超第一次出使西域为例，在一行人走到鄯善国（今新疆罗布泊西南）时，他们暂时停留了下来。一开始，鄯善王对班超毕恭毕敬，但不久之后，对班超的态度突然变得疏远冷漠。班超马上意识到，这应该是匈奴的使者也来了，所以鄯善王左右为难，不知道该服从谁。

据《后汉书》记载，班超对随从们说："匈奴使者才来了几天，鄯善王就对我们如此冷淡。如果鄯善王把我们押送给匈奴人，我们都会完蛋。不敢冒险闯入老虎的洞穴，就抓不住小老虎，我们要主动出击，杀光匈奴使者，震慑住鄯善王。"这个计划得到了随从们的同意。于是，天黑之后，班超带着随从突袭匈奴使者的驻地，烧毁他们的营地，杀光了匈奴使者和随从。然后，班超请来鄯善王，把匈奴使者的头给他看，鄯善王非常惊恐。班超说明情况，加以抚慰，于是，鄯善王开始和汉朝结交。这就是成语"不入虎穴，焉得虎子"的来历。

从这个事例中，我们看出，西域的形势复杂，匈奴和反汉势力一直阻拦着班超开拓西域的步伐，但是，班超凭借着自己的智慧和果敢，使得西域各国纷纷归附汉朝，维护了西域的和平与汉朝的声望，保证了丝绸之路的畅通。他的功绩十分伟大，后来他被封为"定远侯"。

喀什市的盘橐（tuó）城，曾是西域三十六国之一的疏勒国宫城，班超曾经在这里驻守17年，将这里作为经营西域的大本营，荡平匈奴势力，完成了统一西域的宏伟大业，因此，现在在这里又叫"班超城"。现在的盘橐城是在原古城遗址上修建的，图为矗立在班超纪念园内的班超雕像

班超在西域待了多久？

班超经营西域31年，直到年老体衰之时才返回中原。他去西域时正值壮年，回来时已经71岁了，头发全部变白，眼睛花，耳朵背，拄着拐杖才能走路。班超回到洛阳不久之后就病逝了。班超为国家奉献一生，应该为世人所铭记。

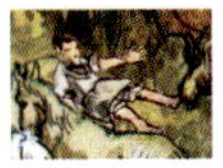

丝路驿站悬泉置

悬泉置位于敦煌东面的戈壁滩上，是汉武帝时期设立的一个驿站，这里交通便利，是丝绸之路上往来商旅的必经之地。

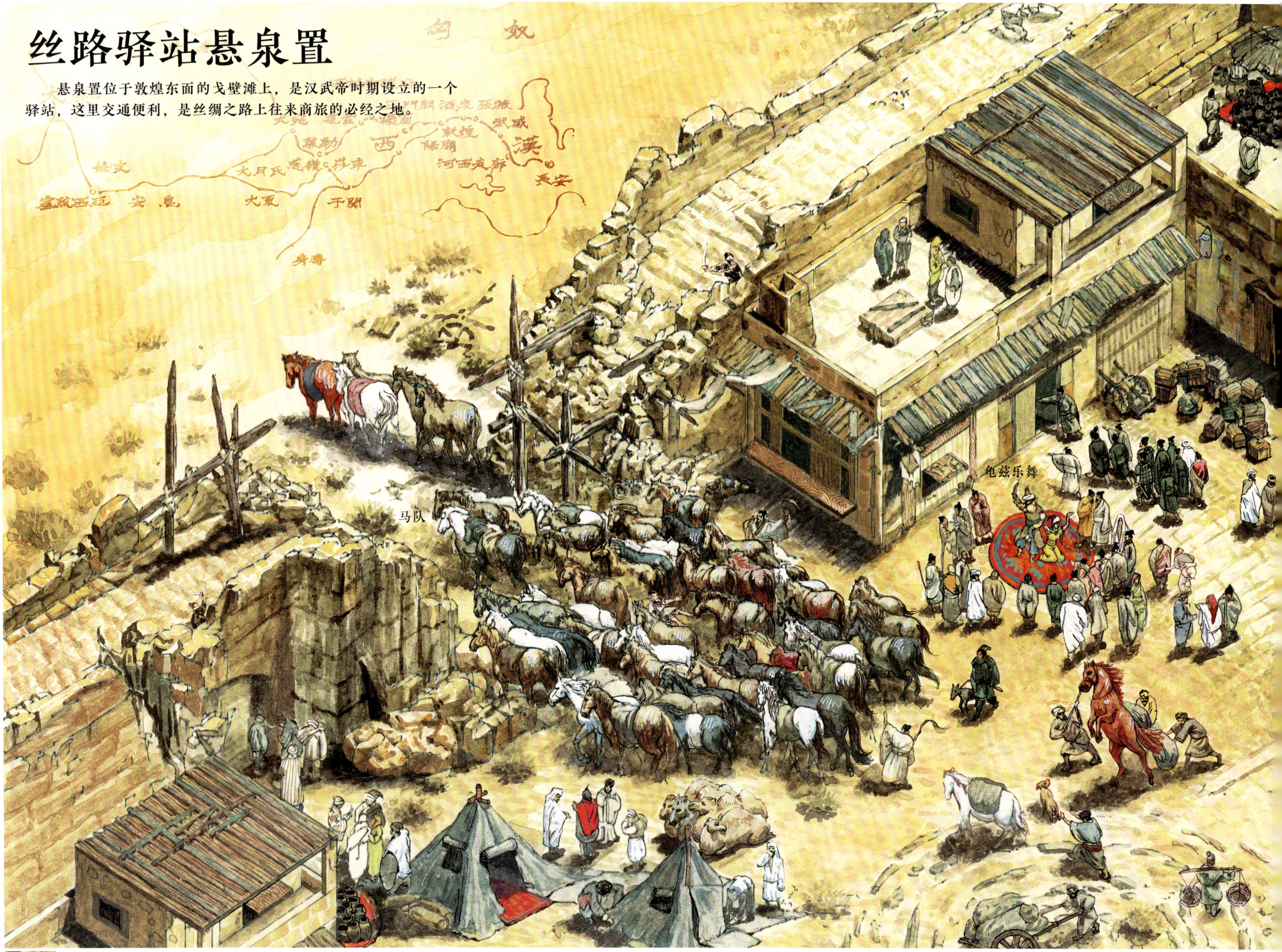

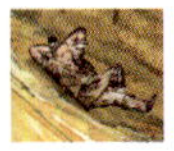

这个人悠哉地躺在房顶上晒太阳，他根本不知道危险就在眼前！

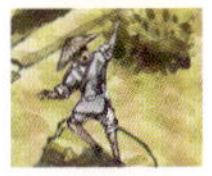

马队

龟兹乐舞

一个少年正在城墙上苦练杂技，想要谋生，还要有一技之长才行。你能找到这个勤奋的年轻人吗？

骆驼商队

悬泉置

这只小狗有危险！找到它，你就知道危险是什么了。

丝绸之路因何得名？

我们知道，中华民族是最早掌握养蚕缫丝技术的民族，是丝绸的故乡。在西方人眼中，丝绸是中国的特产，是最能代表中国的物品，而且，也是丝绸之路上重要的商品之一，因此，西方人把这条东西方之间的商路命名为"丝绸之路"。

丝绸之路不仅包括陆上商路，还包括海上商路，后者被称为"海上丝绸之路"。

什么是丝绸之路？

"丝绸之路"是古代的一条商路，这个说法最早出现于德国地理学家李希霍芬1877年出版的《中国》一书中。

这条商路从中国的政治中心长安或者洛阳发端，向西经河西走廊到达敦煌，穿越包括今天新疆在内的西域，进入中亚地区，然后继续向西，通往罗马帝国；或者向南，到达身毒（今印度）。

悬泉置因何而得名？它重要吗？

因为靠近悬泉而得名，这里的"置"就是驿站的意思。

考古学家在悬泉置发现了大量汉简，这为我们了解丝绸之路的历史提供了重要材料。根据这些汉简的记录，不少汉朝人途经悬泉置前往敦煌或西域，而来自西域各国的使者与商人也都曾住在悬泉置。

有一次，朝廷派遣使者护送于阗（tián）王返回西域，人数多达1700多人。可见，悬泉置在当时的重要地位。

悬泉置出土的汉简《康居王使者册》

人们在丝绸之路上都交换什么商品？

张骞、班超之后，中原地区与西域之间的经济、政治、文化交流日益密切。中原的特产传到西域，西域的特产传入中原。

中原地区出口到西域的商品主要有丝绸和铜镜，从西域进口来的商品主要有西域的良马。此外，非洲的狮子、西亚的驼鸟、印度的孔雀，以及今天我们日常食用的葡萄、核桃、石榴、香菜、胡椒、大蒜等作物，也都是通过丝绸之路传入中原的。

为什么说丝绸之路也是一条文化之路？

丝绸之路不仅是一条商路，还是一条文化交流之路。起源于古印度的佛教，就是通过丝绸之路传入中原地区的。佛教很早就在西域传播。丝绸之路开辟之后，中原地区的人们接触到了西域的佛教。

西汉时，中原地区的人们已经知道佛教的存在。据《三国志·魏书》记载（转引自《魏略·西戎传》），汉哀帝时，大月氏人曾向汉朝人口传佛经，佛教开始传入中原地区。

东汉时，佛教在中原地区逐渐传播开来。汉光武帝刘秀的儿子、汉明帝的弟弟楚王刘英就曾经祭祀浮屠，当时已经有人信奉佛教。68年（永平十一年），汉明帝在洛阳城的雍门外修建白马寺，这是中国古代第一座官办佛教寺院。

据《魏书·释老志》记载，汉明帝曾梦到佛，于是派人去天竺（古印度）取佛经。佛经由白马驮回，白马寺因此而得名。由于得到统治者的支持，佛教在中原地区广泛传播。

白马寺位于河南省洛阳市，始建于68年（东汉永平十一年），是佛教传入中国后兴建的第一座官办寺院，被誉为"中国第一古刹"

丝绸走出中国后，收获了怎样的评价？

中国的丝绸在西方很受欢迎，以至于西方人称中国为"赛里斯"，意思是丝国。丝绸因为价格昂贵，所以被视为高贵身份的象征，可以说是当时西方流行的奢侈品。

根据西方历史学家的记载，罗马贵族以穿丝绸衣服为时髦，恺撒就曾经穿过丝绸长袍。考古学家也在今天的意大利发现了汉代的丝织品。

西汉直裾素纱禅（dān）衣，国家一级文物，1972年湖南长沙马王堆一号汉墓出土，现藏于湖南省博物馆。除衣领和袖口边缘用织锦做装饰外，整件衣服以素纱为面料，没有里衬，故称之为素纱禅衣。它由精缫的蚕丝织造，以单经单纬丝交织的方孔平纹而成，丝缕极细，轻盈精湛，孔眼均匀清晰，通身重量仅49克，其高超的制作技艺代表了西汉初期养蚕、缫丝、织造工艺的最高水平

什么是驿站？

今天，我们出门可以坐飞机、火车，写信可以通过互联网发邮件，但是，古时候没有这么方便，人们只能靠骑马或者驾马车，这必然要花费非常长的时间，短则几天，长则几年。

因此，赶路的官吏和商队需要经常在途中休整，而供他们暂时休息、更换马匹的地方，就是驿站。

据说曾有罗马人来过汉朝，这是真的吗？

这个说法由来已久，历史学家对这个问题也争论了很久。

公元前53年（汉宣帝甘露元年），一支6000人的罗马军团在卡尔莱战役中被安息（又名帕提亚，与汉朝、罗马、贵霜帝国并列为欧亚四大强国）军队击败，突围出来的罗马士兵下落不明。据说，他们沿着丝绸之路向东逃亡，最终进入汉朝境内，被汉朝安置在张掖郡的骊靬（lí qián）县（今甘肃永昌）。

"骊靬"，有人猜测是希腊语里"亚历山大"的异读，亚历山大是古罗马帝国在北非的政治中心。但也有学者提出不同意见，认为"骊靬"一名与亚历山大无关。

罗马军团是否真的败退到了骊靬城，至今仍然是一个谜团。骊靬县的得名是否真的缘于罗马人，同样也是谜。

但古丝绸之路上发现了来自古罗马的彩色玻璃瓶，说明中西方两大帝国之间的确存在着商贸和文化的交流。

古罗马玻璃器

汉朝是如何维护丝绸之路的？

公元前60年，匈奴势力被逐出西域，西汉在这里设置了西域都护，专门管理西域事务。这是中原王朝首次在西域地区设置郡级行政机构，标志着天山南北地区正式并入中国版图。从此，今天的新疆地区开始隶属中央王朝的管辖，成为中国不可分割的一部分。

为了经营西域、维护丝绸之路，汉朝在边境派驻了大量军队。但是，这些军队要吃粮食，而运输粮食到边境开销太大。为了节约成本、缓解财政压力，汉朝让军队一边戍边备战，一边垦荒种地，自己种粮自己吃，这就是屯田的由来。

后来，西汉以后的各个朝代都曾实行过屯田制度。

首任西域都护郑吉像

昭君出塞

公元前33年（竟宁元年），匈奴的呼韩邪单于请求和亲，汉元帝把一位叫"王昭君"的宫女许配给了他，这就是"昭君出塞"。

迎亲的匈奴队伍里有这样一个特别的军官，他的肩膀上竟然架着一只展开双翅的老鹰。这对默契的搭档究竟在哪儿呢？

呼韩邪单于

粟米

漆器

丝绸布匹

42 一个匈奴人听说了和亲的消息，赶紧从帐篷里走出来，远远地向着送亲的队伍挥手。不过，他离得太远了，你能发现他吗？

找一找汉元帝在哪里？他为什么低着头，好像无精打采的样子？看了下一页的解读，你一定就知道答案了！

王昭君

汉元帝

毛延寿

路途太漫长了，一辆运送昭君嫁妆的马车坏了，士兵们只好将车上的东西挪到骆驼身上。猜一猜，骆驼背上的包袱里装的是什么？提示：它金灿灿的，还吸引了几只小鸟来啄食。

昭君为什么要"出塞"？

汉宣帝时期，匈奴力量衰弱，内部分裂，各部之间彼此混战。其中有一支的首领是呼韩邪单于，由于一再受到匈奴其他各部的攻击，他便向汉朝称臣归附，请求援助。

公元前51年（甘露三年），呼韩邪亲自到长安拜见汉宣帝，汉宣帝隆重地接待了呼韩邪，并且赐予他黄金制成的"匈奴单于玺"，表示承认呼韩邪为匈奴的最高首领。呼韩邪深受感动，要求率领部众住在光禄塞（今内蒙古包头），为汉朝保卫边境。汉朝与呼韩邪的关系非常融洽。

汉宣帝死后，汉元帝继位。为了维护与呼韩邪的关系，他同意和亲，因此才有了"昭君出塞"。

清代画家倪田创作的《昭君出塞图》

"单于天降"并不是单于从天而降的意思，而是双方归于友好的意思。瓦当指的是古代建筑中屋檐最前端的那片瓦，不仅有遮护檐头的作用，瓦当上面还会雕刻文字和图案，具备了装饰的作用

汉元帝为什么要选择王昭君去和亲？

关于这个问题，其实有一个流传已久的说法：据说，汉元帝后宫有很多宫女，于是，他让画工给每个宫女画像，然后按照画像选召宫人。因此，很多宫女花钱贿赂画工，希望画工把自己画得好看一些。王昭君相貌美丽，没有贿赂画工毛延寿，毛延寿很生气，故意把王昭君画得很丑，因此，王昭君始终没能得到皇帝的召幸。

后来，呼韩邪请求和亲，王昭君主动要求远嫁匈奴。在送行之时，汉元帝才见到有沉鱼落雁之容的王昭君，他非常后悔，但是又不能说话不算话，只好送她出塞。事后，汉元帝生气地杀掉了画工毛延寿。

这个故事虽然很引人入胜，但《汉书》等史籍中并没有相关记录。这个故事的出处是东晋文人整理的笔记小说集《西京杂记》，这本书记录了很多西汉的奇闻逸事，但是大部分都是"野史"，类似于今天的段子，并不可信。

不过，因为后世有很多著名诗人都曾把这件事写到诗词中，所以久而久之，人们就把这件事当成真正发生过的事实了。

王昭君嫁给呼韩邪之后，生活过得怎么样？

王昭君嫁给呼韩邪单于后，生下了一个儿子。但是，不久之后，呼韩邪单于就去世了。呼韩邪单于大阏氏所生的儿子——雕陶莫皋（gāo）被立为单于，史称"复株累若鞮（dī）单于"。按照匈奴的风俗，父亲死后，儿子娶后母，所以王昭君又做了新单于的阏氏，并生了两个女儿。多年之后，王昭君死在匈奴，据说她的墓上草色长青，所以被称为"青冢"。

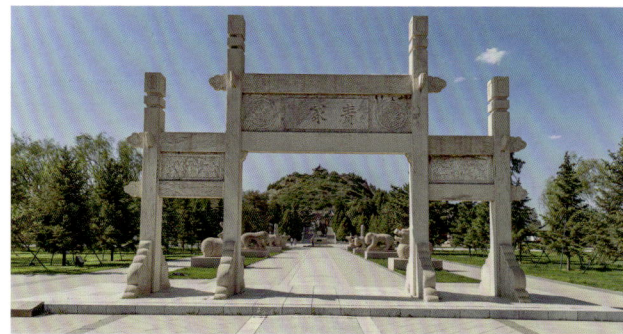

昭君博物院的青冢石牌坊

昭君出塞后，汉匈关系有什么变化？

从呼韩邪单于与汉结亲起，之后的60多年时间里，汉朝与匈奴没有战争，双方和睦亲善，边境安宁，传为佳话。王昭君为了汉朝与匈奴之间的和平做出了重要贡献，值得我们铭记。

王昭君的子女后来和汉朝还有交往吗？

王昭君和复株累若鞮单于的大女儿叫作云。她曾在汉平帝时来汉朝拜见太皇太后王政君，王政君很高兴，赏赐了她很多东西。云的丈夫是匈奴贵族须卜当。后来，呼韩邪单于的儿子咸（咸是他的名字）做了匈奴的单于，云和她的丈夫还劝咸跟汉朝亲善。

王莽做了皇帝之后，云要求会见王歙（xī）。王歙是王昭君哥哥的儿子，是云的表兄弟。王莽答应了云的请求，派王歙和他的弟弟王飒两人出使匈奴，带去很多贵重的礼物，以表示对咸立为单于的祝贺。

王昭君和复株累若鞮单于的小女儿被称为"当于居次"。"居次"是公主的意思，"当于"是她丈夫的姓氏。匈奴曾经派云的儿子和当于居次的儿子出使王莽建立的新朝。从关系上看，这两位匈奴使者是王昭君的外孙子。可见，王昭君的后代与汉朝的交往是相当密切的。

北匈奴人后来去哪儿了？

两汉之际，由于中原战乱，汉朝与匈奴之间的联系停止了。48年（建武二十四年），匈奴分裂为南北两部。南匈奴归附汉朝，和汉朝关系友好；北匈奴与汉朝敌对，并且控制了西域各国，对汉朝构成强大威胁。

于是，东汉派窦固率军对北匈奴作战，又派班超经营西域。经过将近20年的战争，东汉最终击败了北匈奴。北匈奴被迫向西迁徙，后来不知所终。

据说，北匈奴人一路向西，进入欧洲，成为欧洲人眼中战无不胜、所向披靡的"匈人"。4世纪，"匈人"打败了日耳曼人，迫使日耳曼人迁徙到罗马帝国境内。后来，日耳曼人强大起来，又灭亡了罗马帝国。

当然，以上说法都只是猜测，缺乏可靠的证据。"匈人"和"匈奴人"之间的关系究竟是怎样的，学者们对这个问题还有很多争议。

王昭君和呼韩邪单于的雕像

中国古代四大美女都有谁？

她们分别是春秋时期越国的浣纱女西施、汉宫宫女王昭君、《三国演义》中司徒王允的歌女貂蝉和唐玄宗李隆基的贵妃杨玉环。值得注意的是，四大美女中，只有貂蝉不是真实存在的历史人物，而是《三国演义》中创作的人物。我们常常用"沉鱼落雁，闭月羞花"来形容女子的美貌。你知道吗？这个形容就出自四大美女的典故。

"沉鱼"，讲的是西施在河边浣纱，水中的鱼儿看到了她的美貌都沉入了水底。

"落雁"，指的就是昭君出塞时，她的美丽让大雁忘记了飞翔，纷纷落下。

"闭月"，述说的是貂蝉拜月的故事。据说貂蝉在后花园拜月时，忽然轻风吹来，一块云朵将月亮遮住了。这一幕正好被王允看见，于是他逢人就说："月亮看到貂蝉的美貌都要自愧不如，躲在云彩后面。"

"羞花"，说的是杨玉环不小心碰到了含羞草，含羞草立刻卷起了叶子，宫女看到了，都说杨玉环的美貌让花儿都害羞得低下了头。

画师笔下的古代仕女图

昆阳大捷

昆阳（今河南叶县）大捷爆发于 23 年，是中国古代军事史上以少胜多的经典战役，交战双方是新朝皇帝王莽的数十万大军和反抗王莽的绿林军。

十万火急！一个士兵的坐骑被一只猛虎咬住了，士兵能救出自己的坐骑吗？

猛士巨无霸

雷电阵阵，预示着一场暴雨即将来袭。这样的天气会对战争的走向有什么影响呢？翻到下一页就会找到答案。

一个年轻的士兵亲眼看到自己的战友被一头豹子扑倒，这对他的冲击非常大，他会继续战斗还是当逃兵呢？你能找到他吗？

刘秀

绿林军

谁是最勇敢的士兵？提示：虽然身边的战友都退缩了，但是他却独自和猛虎搏斗起来。快找到他！

根据《后汉书·光武帝纪》记载，王莽的军队驱赶老虎、豹子、犀牛、大象等野兽一起作战，可以称得上是"步兽协同"了。说一说，哪只动物只在画面中出现了一次？

← 新朝是什么朝代，为什么很少听说？ →

新朝是西汉与东汉之间的一个王朝，它的建立者是王莽，因为只存在了短短15年，所以很容易被人忽视。

王莽是如何当上新朝皇帝的？

西汉后期，朝廷里有一股很强大的势力，叫作"外戚"，也就是皇帝的母亲或妻子的亲戚。汉成帝的母亲是王政君，所以王家有很多人在朝廷里做大官。

汉成帝死后，汉哀帝继位，仅在位7年就去世了，没有子嗣。王政君和她的侄子王莽掌握了权力，合谋立了一个9岁的小皇帝，这就是汉平帝。

王莽掌权的时候，有很多政绩，官员和百姓都称赞他，他在朝廷里的势力越来越大。后来，汉平帝病死，而皇太子刘婴年仅两岁，王莽开始代替天子管理政事，权力几乎等同于皇帝。不久，王莽正式做了皇帝，改国号为"新"。

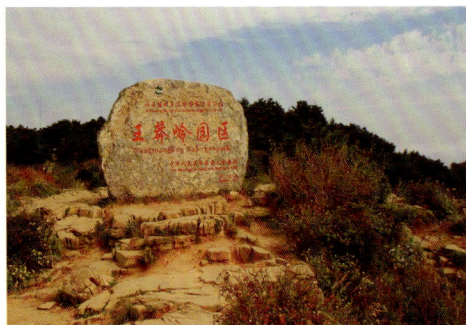

山西王莽岭，传说中，王莽赶刘秀时，曾经在这里安营扎寨，于是因此而得名

王莽钱币

新朝建立之后，王莽做了哪些事情？

王莽是儒家文化的忠实信徒，称帝之后，他根据儒家经典改革各项制度，希望建立一个儒家经典之中的理想社会。

在政治上，王莽根据《周礼》将很多政府机构和官职改换名称；在经济上，他推行王田制，把全国的土地都收归国有，禁止土地自由买卖，并且将土地重新分配；商业上，他实施"五均六筦（guǎn）"政策，政府控制物价，重要行业由国家专门经营；另外，他还废除了汉代的五铢钱，发行新的货币。

王莽改革的效果如何？

很可惜，王莽的改革过于激进，不切实际，不仅没有产生有益的效果，反而激化了社会矛盾。

比如，他要重新分配土地，就会触及社会上最有权势的大官僚、大地主、大商人的利益，这些人抵制改革，导致王田制无法实行。而"五均六筦"的执行官员本身就是大商人和地主，他们为了自己的私利调整物价，反而加重了人民的负担。

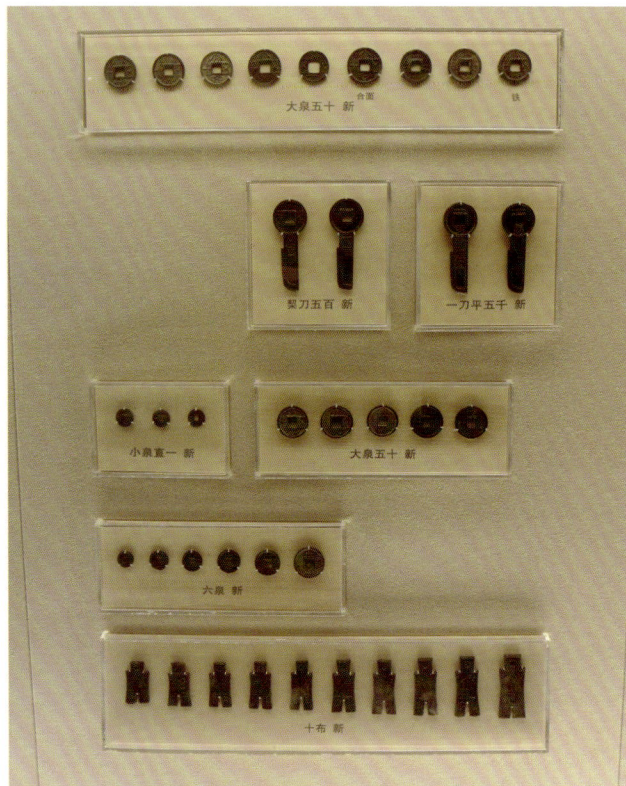

面对越来越严峻的形势，王莽发动对外战争，希望借此来加强国内的凝聚力，但是，发动战争需要横征暴敛，再加上自然灾害频发，人民苦不堪言，只好起来反抗。

当时都有哪些起义军？

当时，绿林军和赤眉军两支起义军声势最大，而且是推翻王莽的主要力量。

绿林军因为驻扎在绿林山（今湖北当阳）上而得名。而赤眉军发源于今天的山东省，为了与敌人相区别，他们在作战时会把眉毛涂成红色，因而叫作"赤眉军"。

昆阳之战的结果如何？

起义军见王莽的军队人多势众，非常害怕，赶紧退到昆阳，打算逃跑自保。这时，绿林军中的刘秀说服各个将领团结一致，坚持抵抗，然后带领13名骑兵冲出重围，就近征调援军，凑成一支部队又杀了回来。刘秀一边前进一边与王莽军战斗，越战越勇，士气高涨。

刘秀亲自率领由3000人组成的敢死队冲击敌军阵地，昆阳城内守军与他配合作战，王莽军溃败。当时，天降大雨，雷鸣阵阵，狂风大作，河水上涨，猛兽瑟瑟发抖，王莽军四下奔逃，慌不择路，成千上万的人淹死在河里，把河水都堵住了。

昆阳之战展现了刘秀深远的战略眼光、卓越的指挥才能和勇敢的战斗精神，让刘秀一战成名。

刘秀是刘邦的后代吗?

刘秀,字文叔,南阳郡蔡阳(今湖北枣阳)人,是汉高祖刘邦的九世孙。

虽然属于宗室子弟,但是由于西汉宗室枝繁叶茂、人数众多,所以刘秀的地位并不显赫。他年轻时勤于务农,还做过卖粮食之类的小生意。

后来,绿林、赤眉起义爆发,刘姓宗室子弟看到了恢复汉朝天下的希望,于是,刘秀也参加了绿林军。

中原地区怎么会有大象呢?

说到大象,我们知道它们主要生活在热带、亚热带地区的森林、丛林和草原之中,比如我国云南西双版纳就分布着野生大象。但是,昆阳在今天的河南省叶县,属于中原地区,怎么也会有大象出现呢?

其实,在上古时期,中原地区也是有野生大象生活的。根据气象学家和历史学家的研究,公元前3000年到公元前1100年(仰韶文化时期到商朝后期)是我国近5000年来的第一个温暖期,这一时期的黄河中下游地区为亚热带气候,温暖湿润,十分适合大象生活。

今天河南的简称"豫",可以追溯到大禹划分的九州之一——豫州。"豫"的字形就是一个人牵着大象。考古学家在河南安阳殷墟发掘出很多象骨和象牙制品,如妇好墓的象牙杯。商朝的甲骨文中也有关于大象的记载。

气候变迁对历史的影响是深刻的。中国历史上,北方游牧民族南下都与寒冷期有关。由于气候变冷,北方游牧民族难以生存,于是向南迁徙到中原地区。后来中原地区发生战争,原来生活在中原地区的人们也向南迁徙,促进了江南地区的开发。

著名气候学家竺可桢先生对我国气候变迁的研究做出了重要贡献,有兴趣的读者可以读一读他的著作。

商铜象尊,是一件象形酒器,背上有椭圆形口,可以将酒倒入,象鼻与腹部相通,可做流口。1975年出土于湖南醴陵狮形山,现收藏于湖南省博物馆

一战成名后,刘秀又做了什么?

王莽改革失败,引发了人们对汉朝的眷恋,形成了"人心思汉"的社会思潮。

23年,绿林军攻克长安,王莽政权灭亡。绿林军拥立宗室子弟刘玄为皇帝,恢复"汉"的国号。但是,刘玄沉醉在奢侈腐朽的生活之中,起义军内部也发生了分裂,战乱的局面仍在继续。

经过长期的斗争历练,刘秀也有了称帝的打算。后来,刘秀奉命来到河北。这里的"河北"指的是黄河以北地区,相当于今天的河北、山西、北京、天津等省市。刘秀在北方发展自己的势力,逐渐强大起来,具备了问鼎天下的资本。

25年,刘秀称帝,建立了东汉。后来,经过十几年的战争,刘秀陆续消灭了各地的割据势力,最终使中国再次归于一统。

什么是光武中兴?

刘秀创立的东汉王朝,不仅复活了"汉"的国号,还恢复了汉朝的强盛,这在中国历史上是独一无二的。他在位期间,社会稳定,经济繁荣,国家强盛,因此被历史学家称为"光武中兴"。

刘秀(前5—57年),字文叔,东汉王朝的开国皇帝,史称"光武帝"

如何评价光武帝刘秀?

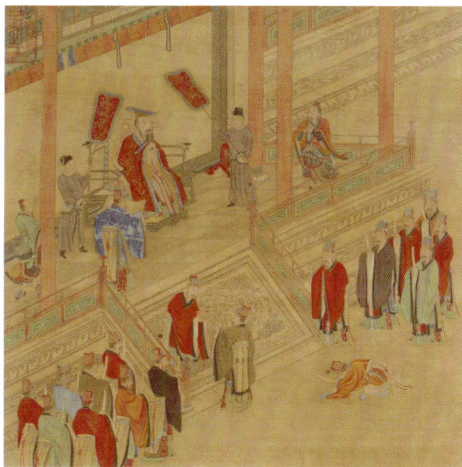

清代女画家陈书作品《汉光武锡封褒德》

东汉初年,由于长期的战乱,社会凋敝,经济萧条。为了促进社会经济的恢复与发展,刘秀采取了一系列措施:清查全国土地与户口,抑制豪强地主和土地兼并,多次下令释放奴婢;安排功臣提前退休,选拔文人儒士治理国家;提倡并且带头实行节俭,严惩贪污腐败。这些措施很有成效,使得耕地和人口都大幅增加,为东汉前期国家强盛奠定了物质基础。

刘秀兢兢业业,勤于政事,总是一大早就上朝和大臣们议论政事,直到太阳落山才停止工作。工作之余,他还认真学习儒家经典,并且经常和大臣们探讨,直到半夜才睡觉,可以说是一个难得的好皇帝。

赫蹏(tí)，又叫赫蹄，是做丝绵时的副产品，由丝絮粘连在一起而成，同缣帛相近，可用作书写，但是来源有限、造价高。不过，赫蹏的制作方法给了人们很大启发，是我国古代造纸术的重要开端。

蔡伦"造"纸

105年（东汉和帝元兴元年），宦官蔡伦在前人的造纸经验上进行革新，终于制成了质地细腻的"蔡侯纸"，并很快在全国得到推广。

有人溺水了吗？赶快在画面里找到这两个人，看看发生了什么事吧！

处理造纸原材料

蔡伦

浸灰水

打浆

浸过石灰水的树皮

仔细阅读后文"古人造纸有哪些步骤"，其中第四步在画面中有非常明确的体现，你能找出来吗？提示：这一步的关键在于搅拌。

有一个人在搬运竹子的时候，竟然不小心在石桥上滑倒了，会有人发现这一幕吗？

这个人的身手真不错，背着背篓还能在屋顶上来去自如，简直就是飞檐走壁的大侠。你知道他在哪里吗？

泡烂树皮

晒纸

大人们在认真地工作，无忧无虑的孩子们在做什么呢？

你知道这个人拿着的东西是什么吗？它叫"竹帘"，是舀纸的工具，将竹帘投入纸浆中，然后取出，上面就会有一层薄薄的纸膜，然后倒扣在板上，一张"纸"就这样成型了。

←← 纸是蔡伦发明的吗？ →→

不是，蔡伦并不是纸和造纸术的最初发明者，而是造纸术的改进者。实际上，在蔡伦所处的时代之前，人们就已经在使用纸了。比如，《汉书·外戚传》提到，汉成帝的皇后赵飞燕嫉妒妃子曹伟能，于是送去用"赫蹄纸"包裹的毒药。

只不过，在蔡伦之前的"纸"，都是丝质纤维所造的，实际上不是纸，只是漂丝的副产品。所以，虽然纸不是蔡伦发明的，但是他根据前人的经验，带领工匠们改进了造纸术，无疑是足以影响世界进程的一大进步。

最早的纸出现在什么年代？

这个问题现在还没有明确的答案，根据考古学家的发现，我们可以确定的是，西汉时已经有纸的存在。

1986 年，在甘肃天水放马滩的西汉文景时的墓葬中，出土了一张纸质地图的残片，纸面平整，上面绘有山脉、河流、道路等图形。

1998 年，在敦煌小方盘城以南出土的遗物中有一张信纸，上面有用隶书写成的字，与这张信纸一同出土的木简上写有"绥和二年"，以此推断这张信纸也是西汉时期的物品。这些发现说明在西汉，纸已经被视为一种书写材料了。

甘肃敦煌马圈湾烽燧遗址出土的西汉麻纸残片，被称为"马圈湾纸"

马王堆汉墓出土的西汉帛书

在纸被发明出来之前，中国人在什么东西上写字？

纸被发明出来以前，中国人的主要书写材料是简牍。古人称竹片为"简"，木片为"牍"。人们将若干支简用绳子穿起来，就形成了"册"。"册"这个字就是竹简编连在一起的象形。

简牍的缺点是比较笨重，《史记·滑稽列传》记载，东方朔向汉武帝上书，用了 3000 片简牍，找了两个人才勉强能抬起来。根据出土简牍的情况估计，东方朔的上书可能写了几十万字，放到今天，只不过是一两本中学教科书的字数，小孩子一只手都拿得动，哪里用得着两个成年人抬着呢？

除了简牍以外，古人还在帛上书写。帛就是丝织品，虽然比简牍轻便，但是非常昂贵，大多数人都买不起，无法用于日常书写。

后来，用植物纤维制成的纸被发明出来，人们的书写就方便多了。

在纸出现之前，世界上其他地方的人们都用什么写字？

他们当然都有自己独特的书写材料——尼罗河流域的埃及人写在纸草上，两河流域的巴比伦人写在泥板上，印度人写在贝叶上，欧洲人写在羊皮卷上。这些书写材料各有各的缺点，都不如纸好用。

楔形文字泥板

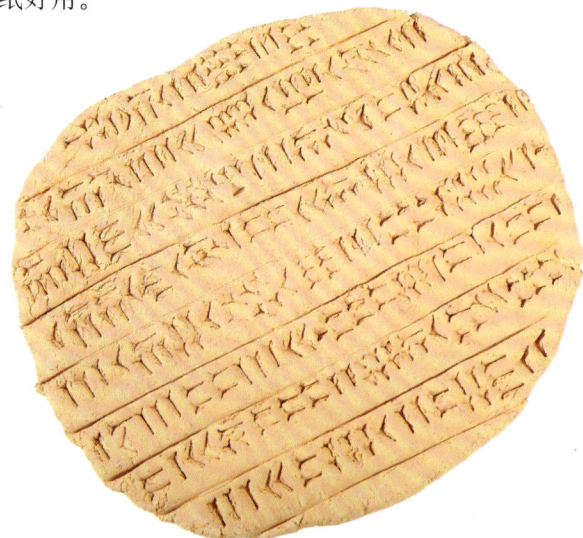

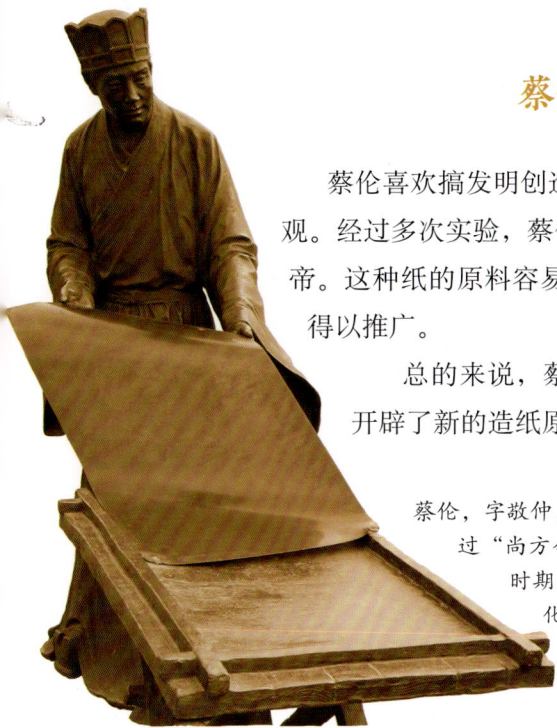

蔡伦是怎样改进造纸术的？

蔡伦喜欢搞发明创造，还很关注造纸技术的革新，曾经到造纸工坊进行参观。经过多次实验，蔡伦用树皮、麻头、破布和旧渔网制成了纸，并献给汉和帝。这种纸的原料容易获得，而且质地细腻，非常受人欢迎，很快就在全国得以推广。

总的来说，蔡伦对造纸术的贡献主要是研制出用树皮造纸的方法，开辟了新的造纸原料的来源，以此推动了造纸术的进步与发展。

蔡伦，字敬仲，东汉桂阳郡（今湖南省）人，是东汉和帝时期的宦官，曾担任过"尚方令"，负责管理制造兵器和宫内器皿，改进造纸术就发生在这个时期。他改进的造纸术被列为中国古代"四大发明"之一，对人类文化的传播和世界文明的进步做出了杰出贡献

蔡伦还做过哪些事情？

发明创造只是蔡伦的"副业"，他的本职工作是为宫廷服务的宦官。

据《汉书》记载，汉明帝时，蔡伦开始在皇宫内廷供职。汉章帝时，他升为小黄门（宦官的一种官职），负责服侍皇帝。当时，窦皇后没有孩子，宋贵人所生的儿子刘庆被立为太子。窦皇后十分嫉妒，于是指使蔡伦诬陷宋贵人，导致宋贵人被逼自杀。

后来，窦皇后的养子和帝继位，窦皇后变为太后，垂帘听政。蔡伦也升为中常侍，负责传达诏令、掌管文书，后又升任尚方令。和帝死后，宋贵人的孙子安帝继位，不过此时掌权的邓太后十分欣赏蔡伦，还封他为"龙亭侯"，封地三百户。

不过，邓太后去世后，安帝亲政，他开始为宋贵人申冤，令蔡伦认罪。蔡伦不想遭受狱吏的侮辱，就自杀了。

古人造纸有哪些步骤？

我们以汉朝的造纸术为例，其主要过程为：

第一，取造纸原料在水中浸泡，洗掉脏东西，然后把浸湿的原料切成小块，剔除其中的杂质后，再清洗一遍。

第二，把各种草木烧成灰，制成草木灰水，这是一种具有腐蚀性的碱性物质溶液。然后把造纸原料用草木灰水浸透，再放到锅中蒸煮，目的是脱色、除杂质、提纯纤维，并且使其腐蚀，便于之后舂捣。

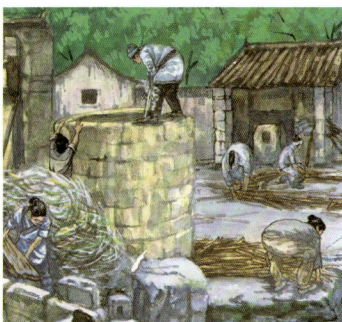

第三，蒸煮处理过的造纸原料，放在石臼中进行人工舂捣，边捣边翻动，直到捣碎为止。捣碎之后，再清洗原料，洗去杂物。

第四，把处理过的造纸原料放入长方形的木槽之中，加入清澈干净的水，制成纸浆，用棍子充分搅拌。然后，用多孔筛状的模具从纸浆中把纸捞出来，滤掉水分，形成湿纸。

第五，把带有湿纸的模具放在太阳底下晒，晒干之后揭下来就是成品纸了。

有兴趣的读者可以参考我国当代科学技术史专家潘吉星先生的著作《中国造纸史》。潘先生为了研究古人的造纸技术，曾经向手工造纸工人学习请教，并且采用科学方法做了多次实验。

纸张的使用对于书法艺术的发展有没有促进作用？

当然有了，前面提到，在纸被发明出来之前，中国古人主要在简牍上书写。简牍比较笨重，其材质也不便于展现书写技巧。因此，人们很少考虑书法艺术的问题。

东汉末年，继蔡伦改进造纸术后，书法家左伯造出了更优质的纸，人称"左伯纸"。

魏晋时期，纸张的普遍使用（"洛阳纸贵"这一成语也来源于这一历史时期），也为中国书法艺术的发展奠定了基础。在这一时期，士人练习、研究书法蔚然成风，有的人痴迷书法，以至于废寝忘食、领袖皆黑。张芝、蔡邕（yōng）、王羲之、王献之等书法家层出不穷，留下了不少具有极高艺术价值、流传千古的书法作品。汉字字体进一步发展，隶书成熟定型，行书、草书、楷书也应运而生。

可见，纸的发明与普及对中国书法艺术的发展多么重要。

造纸术是怎么传播到世界各地的？

纸和造纸术最早从中国传到邻近的越南、朝鲜半岛和日本。751年（唐玄宗天宝十年），唐朝与大食（阿拉伯）发生过一场战争。大食俘虏了一些唐朝士兵，其中有懂造纸的工匠，于是阿拉伯人让他们去撒马尔罕造纸。794年，巴格达开始造纸。9世纪传入埃及。11世纪传入摩洛哥。

此后，造纸术从西亚、北非的阿拉伯世界传入欧洲。1150年，阿拉伯人在西班牙建立了欧洲第一家造纸厂，后来，造纸术传入意大利、法国、德国。16世纪，造纸术传入俄国。1690年，北美的费城建起第一家造纸厂。到19世纪，造纸术已经传遍全世界。

纸是中华民族伟大的发明之一，对人类文明的影响是不可计量的。写在其他材料上的典籍随着时间的推移逐渐消失，而这些典籍的纸抄本却经过人们不断地传抄而传承下来。后来，随着印刷术的发明，人类的文化成果能够以书籍的形式呈现出来，这极大地推动了人类文明的进步。

毕昇（？—约1051年），北宋发明家，生于淮南路蕲州蕲水县（今湖北省黄冈市英山县）。他创造发明的胶泥活字、木活字排版，是中国印刷术发展中的一项根本性改革，对中国和世界各国的文化交流做出了伟大贡献